POESÍA

160

LOS MEJORES POEMAS DE AMOR

Pablo Neruda

Selección de Javier Argüello

LUMEN

Primera edición: enero de 2006

© 2006, Herederos de Pablo Neruda
© 2006, de la presente edición en castellano para todo el mundo:
Random House Mondadori, S. A.
Travessera de Gràcia, 47-49. 08021 Barcelona
© 2006, Javier Argüello, por la selección

Printed in Spain – Impreso en España

ISBN: 84-264-1551-2
Depósito legal: B. 47-660-2005

Compuesto en Fotocomposición 2000, S. A.

Impreso en Limpergraf
Mogoda, 29. Barberà del Vallès (Barcelona)

H 4 1 5 5 1 2

CREPUSCULARIO
(1920-1923)

EL NUEVO SONETO A HELENA

Cuando estés vieja, niña (Ronsard ya te lo dijo),
te acordarás de aquellos versos que yo decía.
Tendrás los senos tristes de amamantar tus hijos,
los últimos retoños de tu vida vacía…

Yo estaré tan lejano que tus manos de cera
ararán el recuerdo de mis ruinas desnudas.
Comprenderás que puede nevar en primavera
y que en la primavera las nieves son más crudas.

Yo estaré tan lejano que el amor y la pena
que antes vacié en tu vida como un ánfora plena
estarán condenados a morir en mis manos…

Y será tarde porque se fue mi adolescencia,
tarde porque las flores una vez dan esencia
y porque aunque me llames yo estaré tan lejano…

IVRESSE

Hoy que danza en mi cuerpo la pasión de Paolo
y ebrio de un sueño alegre mi corazón se agita:
hoy que sé la alegría de ser libre y ser solo
como el pistilo de una margarita infinita:

oh mujer —carne y sueño—, ven a encantarme un poco,
ven a vaciar tus copas de sol en mi camino:
que en mi barco amarillo tiemblen tus senos locos
y ebrios de juventud, que es el más bello vino.

Es bello porque nosotros lo bebemos
en estos temblorosos vasos de nuestro ser
que nos niegan el goce para que lo gocemos.
Bebamos. Nunca dejemos de beber.

Nunca, mujer, rayo de luz, pulpa blanca de poma,
suavices la pisada que no te hará sufrir.
Sembremos la llanura antes de arar la loma.
Vivir será primero, después será morir.

Y después que en la ruta se apaguen nuestras huellas
y en el azul paremos nuestras blancas escalas
—flechas de oro que atajan en vano las estrellas—,
oh Francesca, hacia dónde te llevarán mis alas!

MORENA, LA BESADORA
(fragmento)

Cabellera rubia, suelta,
corriendo como un estero,
cabellera.

Uñas duras y doradas,
flores curvas y sensuales,
uñas duras y doradas.

Comba del vientre, escondida,
y abierta como una fruta
o una herida.

Dulce rodilla desnuda
apretada en mis rodillas,
dulce rodilla desnuda.

Enredadera del pelo
entre la oferta redonda
de los senos.

FAREWELL
(fragmentos)

1

Desde el fondo de ti, y arrodillado,
un niño triste, como yo, nos mira.

Por esa vida que arderá en sus venas
tendrían que amarrarse nuestras vidas.

Por esas manos, hijas de tus manos,
tendrían que matar las manos mías.

Por sus ojos abiertos en la tierra
veré en los tuyos lágrimas un día.

2

Yo no lo quiero, Amada.

Para que nada nos amarre
que no nos una nada.

Ni una palabra que aromó tu boca,
ni lo que no dijeron las palabras.

Ni la fiesta de amor que no tuvimos,
ni tus sollozos junto a la ventana.

El sol que cae y cae eternamente
se cansó de besarla… Y el otoño.
Padre, tus ojos dulces nada pueden.

Escucharé en la noche tus palabras:
… niño, mi niño…
                              Y en la noche inmensa
seguiré con mis llagas y tus llagas.

[…]

5

Ya no se encantarán mis ojos en tus ojos,
ya no se endulzará junto a ti mi dolor.

Pero hacia donde vaya llevaré tu mirada
y hacia donde camines llevarás mi dolor.

Fui tuyo, fuiste mía. Qué más? Juntos hicimos
un recodo en la ruta donde el amor pasó.

Fui tuyo, fuiste mía. Tú serás del que te ame,
del que corte en tu huerto lo que he sembrado yo.

Yo me voy. Estoy triste: pero siempre estoy triste.
Vengo desde tus brazos. No sé hacia dónde voy.

…Desde tu corazón me dice adiós un niño.
Y yo le digo adiós.

AMOR

Mujer, yo hubiera sido tu hijo, por beberte
la leche de los senos como de un manantial,
por mirarte y sentirte a mi lado y tenerte
en la risa de oro y la voz de cristal.

Por sentirte en mis venas como Dios en los ríos
y adorarte en los tristes huesos de polvo y cal,
porque tu ser pasara sin pena al lado mío
y saliera en la estrofa —limpio de todo mal—.

Cómo sabría amarte, mujer, cómo sabría
amarte, amarte como nadie supo jamás!
Morir y todavía
amarte más.
Y todavía
amarte más
            y más.

GRITA

Amor, llegado que hayas a mi fuente lejana,
cuida de no morderme con tu voz de ilusión:
que mi dolor oscuro no se muera en tus alas,
que en tu garganta de oro no se ahogue mi voz.

Amor —llegado que hayas
a mi fuente lejana,
sé turbión que desuella,
sé rompiente que clava.

Amor, deshace el ritmo
de mis aguas tranquilas:
sabe ser el dolor que retiembla y que sufre,
sábeme ser la angustia que se retuerce y grita.

No me des el olvido.
No me des la ilusión.
Porque todas las hojas que a la tierra han caído
me tienen amarillo de oro el corazón.

Amor —llegado que hayas
a mi fuente lejana,
tuérceme las vertientes,
críspame las entrañas.

Y así una tarde —Amor de manos crueles—,
arrodillado, te daré las gracias.

MUJER, NADA ME HAS DADO

Nada me has dado y para ti mi vida
deshoja su rosal de desconsuelo,
porque ves estas cosas que yo miro,
las mismas tierras y los mismos cielos,

porque la red de nervios y de venas
que sostiene tu ser y tu belleza
se debe estremecer al beso puro
del sol, del mismo sol que a mí me besa.

Mujer, nada me has dado y sin embargo
a través de tu ser siento las cosas:
estoy alegre de mirar la tierra
en que tu corazón tiembla y reposa.

Me limitan en vano mis sentidos
—dulces flores que se abren en el viento—
porque adivino el pájaro que pasa
y que mojó de azul tu sentimiento.

Y sin embargo no me has dado nada,
no se florecen para mí tus años,
la cascada de cobre de tu risa
no apagará la sed de mis rebaños.

Hostia que no probó tu boca fina,
amador del amado que te llame,
saldré al camino con mi amor al brazo
como un vaso de miel para el que ames.

Ya ves, noche estrellada, canto y copa
en que bebes el agua que yo bebo,
vivo en tu vida, vives en mi vida,
nada me has dado y todo te lo debo.

CAMPESINA

Entre los surcos tu cuerpo moreno
es un racimo que a la tierra llega.
Torna los ojos, mírate los senos,
son dos semillas ácidas y ciegas.

Tu carne es tierra que será madura
cuando el otoño te tienda las manos,
y el surco que será tu sepultura
temblará, temblará, como un humano

al recibir tus carnes y tus huesos
—rosas de pulpa con rosas de cal:
rosas que en el primero de los besos
vibraron como un vaso de cristal—.

La palabra de qué concepto pleno
será tu cuerpo? No lo he de saber!
Torna los ojos, mírate los senos,
tal vez no alcanzarás a florecer.

VEINTE POEMAS DE AMOR
Y UNA CANCIÓN DESESPERADA
(1923-1924)

(POEMA 14)

Me gustas cuando callas porque estás como ausente,
y me oyes desde lejos, y mi voz no te toca.
Parece que los ojos se te hubieran volado
y parece que un beso te cerrara la boca.

Como todas las cosas están llenas de mi alma
emerges de las cosas, llena del alma mía.
Mariposa de sueño, te pareces a mi alma,
y te pareces a la palabra melancolía.

Me gustas cuando callas y estás como distante.
Y estás como quejándote, mariposa en arrullo.
Y me oyes desde lejos, y mi voz no te alcanza:
déjame que me calle con el silencio tuyo.

Déjame que te hable también con tu silencio
claro como una lámpara, simple como un anillo.
Eres como la noche, callada y constelada.
Tu silencio es de estrella, tan lejano y sencillo.

Me gustas cuando callas porque estás como ausente.
Distante y dolorosa como si hubieras muerto.
Una palabra entonces, una sonrisa bastan.
Y estoy alegre, alegre de que no sea cierto.

(POEMA 20)

Puedo escribir los versos más tristes esta noche.

Escribir, por ejemplo: «La noche está estrellada,
y tiritan, azules, los astros, a lo lejos».

El viento de la noche gira en el cielo y canta.

Puedo escribir los versos más tristes esta noche.
Yo la quise, y a veces ella también me quiso.

En las noches como ésta la tuve entre mis brazos.
La besé tantas veces bajo el cielo infinito.

Ella me quiso, a veces yo también la quería.
Cómo no haber amado sus grandes ojos fijos.

Puedo escribir los versos más tristes esta noche.
Pensar que no la tengo. Sentir que la he perdido.

Oír la noche inmensa, más inmensa sin ella.
Y el verso cae al alma como al pasto el rocío.

Qué importa que mi amor no pudiera guardarla.
La noche está estrellada y ella no está conmigo.

Eso es todo. A lo lejos alguien canta. A lo lejos.
Mi alma no se contenta con haberla perdido.

Como para acercarla mi mirada la busca.
Mi corazón la busca, y ella no está conmigo.

La misma noche que hace blanquear los mismos árboles.
Nosotros, los de entonces, ya no somos los mismos.

Ya no la quiero, es cierto, pero cuánto la quise.
Mi voz buscaba el viento para tocar su oído.

De otro. Será de otro. Como antes de mis besos.
Su voz, su cuerpo claro. Sus ojos infinitos.

Ya no la quiero, es cierto, pero tal vez la quiero.
Es tan corto el amor, y es tan largo el olvido.

Porque en noches como ésta la tuve entre mis brazos,
mi alma no se contenta con haberla perdido.

Aunque éste sea el último dolor que ella me causa,
y éstos sean los últimos versos que yo le escribo.

LA CANCIÓN DESESPERADA

Emerge tu recuerdo de la noche en que estoy.
El río anuda al mar su lamento obstinado.

Abandonado como los muelles en el alba.
Es la hora de partir, oh abandonado!

Sobre mi corazón llueven frías corolas.
Oh sentina de escombros, feroz cueva de náufragos!

En ti se acumularon las guerras y los vuelos.
De ti alzaron las alas los pájaros del canto.

Todo te lo tragaste, como la lejanía.
Como el mar, como el tiempo. Todo en ti fue naufragio!

Era la alegre hora del asalto y el beso.
La hora del estupor que ardía como un faro.

Ansiedad de piloto, furia de buzo ciego,
turbia embriaguez de amor, todo en ti fue naufragio!

En la infancia de niebla mi alma alada y herida.
Descubridor perdido, todo en ti fue naufragio!

Te ceñiste al dolor, te agarraste al deseo.
Te tumbó la tristeza, todo en ti fue naufragio!

Hice retroceder la muralla de sombra,
anduve más allá del deseo y del acto.

Oh carne, carne mía, mujer que amé y perdí,
a ti en esta hora húmeda, evoco y hago canto.

Como un vaso albergaste la infinita ternura,
y el infinito olvido te trizó como a un vaso.

Era la negra, negra soledad de las islas,
y allí, mujer de amor, me acogieron tus brazos.

Era la sed y el hambre, y tú fuiste la fruta.
Era el duelo y las ruinas, y tú fuiste el milagro.

Ah mujer, no sé cómo pudiste contenerme
en la tierra de tu alma, y en la cruz de tus brazos!

Mi deseo de ti fue el más terrible y corto,
el más revuelto y ebrio, el más tirante y ávido.

Cementerio de besos, aún hay fuego en tus tumbas,
aún los racimos arden picoteados de pájaros.

Oh la boca mordida, oh los besados miembros,
oh los hambrientos dientes, oh los cuerpos trenzados.

Oh la cópula loca de esperanza y esfuerzo
en que nos anudamos y nos desesperamos.

Y la ternura, leve como el agua y la harina.
Y la palabra apenas comenzada en los labios.

Ése fue mi destino y en él viajó mi anhelo,
y en él cayo mi anhelo, todo en ti fue naufragio!

Oh sentina de escombros, en ti todo caía,
qué dolor no exprimiste, qué olas no te ahogaron.

De tumbo en tumbo aún llameaste y cantaste
de pie como un marino en la proa de un barco.

Aún floreciste en cantos, aún rompiste en corrientes.
Oh sentina de escombros, pozo abierto y amargo.

Pálido buzo ciego, desventurado hondero,
descubridor perdido, todo en ti fue naufragio!

Es la hora de partir, la dura y fría hora
que la noche sujeta a todo horario.

El cinturón ruidoso del mar ciñe la costa.
Surgen frías estrellas, emigran negros pájaros.

Abandonado como los muelles en el alba.
Sólo la sombra trémula se retuerce en mis manos.

Ah más allá de todo. Ah más allá de todo.

Es la hora de partir. Oh abandonado!

TENTATIVA DEL HOMBRE INFINITO
(1925)

Torciendo hacia ese lado o más allá continúas siendo mía
en la soledad del atardecer golpea tu sonrisa
en ese instante trepan enredaderas a mi ventana
el viento de lo alto cimbra la sed de tu presencia
un gesto de alegría una palabra de pena que estuviera más
[cerca de ti
en su reloj profundo la noche aísla horas
sin embargo teniéndote entre los brazos vacilé
algo que no te pertenece desciende de tu cabeza
y se te llena de oro la mano levantada

hay esto entre dos paredes a lo lejos
radiantes ruedas de piedra sostienen el día mientras tanto
después colgado en la hora del crespúsculo
pisa en los campanarios y en las mujeres de los pueblos
moviéndose en la orilla de mis redes
mujer querida en mi pecho tu cabeza cerrada
a grandes llamaradas el molino se revuelve
y caen las horas nocturnas como murciélagos del cielo

en otra parte lejos lejos existen tú y yo parecidos a nosotros
tú escribes margaritas en la tierra solitaria

es que ese país de cierto nos pertenece
el amanecer vuela de nuestra casa

Cuando aproximo el cielo con las manos para despertar
                              [completamente
sus húmedos terrones su red confusa se suelta

tus besos se pegan como caracoles a mi espalda
gira el año de los calendarios y salen del mundo los días como
                              [hojas
cada vez cada vez al norte están las ciudades inconclusas
ahora el sur mojado encrucijada triste
en donde los peces movibles como tijeras
ah sólo tú apareces en mi espacio en mi anillo
al lado de mi fotografía como la palabra está enfermo
detrás de ti pongo una familia desventajosa
radiante mía salto perteneciente hora de mi distracción
están encorvados tus parientes y tú con tranquilidad
te miras en una lágrima te secas los ojos donde estuve
está lloviendo de repente mi puerta se va a abrir

Al lado de mí mismo señorita enamorada
quien sino tú como el alambre ebrio es una canción sin título
ah triste mía la sonrisa se extiende como una mariposa en tu
[rostro
y por ti mi hermana no viste de negro
el cielo era una gota que sonaba cayendo en la gran soledad
pongo el oído y el tiempo como un eucaliptus
frenéticamente canta de lado a lado
en el que estuviera silbando un ladrón
ay y en el límite me paré caballo de las barrancas
sobresaltado ansioso inmóvil sin orinar
en ese instante lo juro oh atardecer que llegas pescador
[satisfecho
tu canasto vivo en la debilidad del cielo

A quién compré en esta noche la soledad que poseo
quién dice la orden que apresure la marcha
del viento flor de frío entre las hojas inconclusas
si tú me llamas tormenta resuenas tan lejos como un tren
ola triste caída a mis pies quién te dice
sonámbulo de sangre partía cada vez en busca del alba

a ti te reconozco pero lejos apartada
inclinado en tus ojos busco el ancla perdida
ahí la tienes florida adentro de los brazos de nácar
es para terminar para no seguir nunca
y por eso te alabo seguidora de mi alma mirándote hacia atrás
te busco cada vez entre los signos del regreso
estás llena de pájaros durmiendo como el silencio de los
[bosques
pesado y triste lirio miras hacia otra parte
cuando te hablo me dueles tan distante mujer mía
apresura el paso apresura el paso y enciende las luciérnagas

32

RESIDENCIA EN LA TIERRA
(1925-1932)

ALIANZA (SONATA)

De miradas polvorientas caídas al suelo
o de hojas sin sonido y sepultándose.
De metales sin luz, con el vacío,
con la ausencia del día muerto de golpe.
En lo alto de las manos el deslumbrar de mariposas,
el arrancar de mariposas cuya luz no tiene término.

Tú guardabas la estela de luz, de seres rotos
que el sol abandonado, atardeciendo, arroja a las iglesias.
Teñida con miradas, con objeto de abejas,
tu material de inesperada llama huyendo
precede y sigue al día y a su familia de oro.

Los días acechando cruzan el sigilo
pero caen adentro de tu voz de luz.
Oh dueña del amor, en tu descanso
fundé mi sueño, mi actitud callada.

Con tu cuerpo de número tímido, extendido de pronto
hasta cantidades que definen la tierra,
detrás de la pelea de los días blancos de espacio
y fríos de muertes lentas y estímulos marchitos,
siento arder tu regazo y transitar tus besos
haciendo golondrinas frescas en mi sueño.

A veces el destino de tus lágrimas asciende
como la edad hasta mi frente, allí
están golpeando las olas, destruyéndose de muerte:
su movimiento es húmedo, decaído, final.

JUNTOS NOSOTROS

Qué pura eres de sol o de noche caída,
qué triunfal desmedida tu órbita de blanco,
y tu pecho de pan, alto de clima,
tu corona de árboles negros, bienamada,
y tu nariz de animal solitario, de oveja salvaje
que huele a sombra y a precipitada fuga tiránica.

Ahora, qué armas espléndidas mis manos,
digna su pala de hueso y su lirio de uñas,
y el puesto de mi rostro, y el arriendo de mi alma
están situados en lo justo de la fuerza terrestre.

Qué pura mi mirada de nocturna influencia,
caída de ojos obscuros y feroz acicate,
mi simétrica estatua de piernas gemelas
sube hacia estrellas húmedas cada mañana,
y mi boca de exilio muerde la carne la uva,
mis brazos de varón, mi pecho tatuado
en que penetra el vello como ala de estaño,
mi cara blanca hecha para la profundidad del sol,
mi pelo hecho de ritos, de minerales negros,
mi frente penetrante como golpe o camino,
mi piel de hijo maduro, destinado al arado,
mis ojos de sal ávida, de matrimonio rápido,
mi lengua amiga blanda del dique y del buque,
mis dientes de horario blanco, de equidad sistemática,

la piel que hace a mi frente un vacío de hielos
y en mi espalda se torna, y vuela en mis párpados,
y se repliega sobre mi más profundo estímulo,
y crece hacia las rosas en mis dedos,
en mi mentón de hueso y en mis pies de riqueza.

Y tú como un mes de estrella, como un beso fijo,
como estructura de ala, o comienzos de otoño,
niña, mi partidaria, mi amorosa,
la luz hace su lecho bajo tus grandes párpados
dorados como bueyes, y la paloma redonda
hace sus nidos blancos frecuentemente en ti.

Hecha de ola en lingotes y tenazas blancas,
tu salud de manzana furiosa se estira sin límite,
el tonel temblador en que escucha tu estómago,
tus manos hijas de la harina y del cielo.

Qué parecida eres al más largo beso,
su sacudida fija parece nutrirte,
y su empuje de brasa, de bandera revuelta,
va latiendo en tus dominios y subiendo temblando
y entonces tu cabeza se adelgaza en cabellos,
y su forma guerrera, su círculo seco,
se desploma de súbito en hilos lineales
como filos de espadas o herencias del humo.

ODA CON UN LAMENTO

Oh niña entre las rosas, oh presión de palomas,
oh presidio de peces y rosales,
tu alma es una botella llena de sal sedienta
y una campana llena de uvas es tu piel.

Por desgracia no tengo para darte sino uñas
o pestañas, o pianos derretidos,
o sueños que salen de mi corazón a borbotones,
polvorientos sueños que corren como jinetes negros,
sueños llenos de velocidades y desgracias.

Sólo puedo quererte con besos y amapolas,
con guirnaldas mojadas por la lluvia,
mirando cenicientos caballos y perros amarillos.
Sólo puedo quererte con olas a la espalda,
entre vagos golpes de azufre y aguas ensimismadas,
nadando en contra de los cementerios que corren en ciertos
                                                    [ríos
con pasto mojado creciendo sobre las tristes tumbas de yeso,
nadando a través de corazones sumergidos
y pálidas plantillas de niños insepultos.

Hay mucha muerte, muchos acontecimientos funerarios
en mis desamparadas pasiones y desolados besos,
hay el agua que cae en mi cabeza,
mientras crece mi pelo,

un agua como el tiempo, un agua negra desencadenada,
con una voz nocturna, con un grito
de pájaro en la lluvia, con una interminable
sombra de ala mojada que protege mis huesos:
mientras me visto, mientras
interminablemente me miro en los espejos y en los vidrios,
oigo que alguien me sigue llamándome a sollozos
con una triste voz podrida por el tiempo.

Tú estás de pie sobre la tierra, llena
de dientes y relámpagos.
Tú propagas los besos y matas las hormigas.
Tú lloras de salud, de cebolla, de abeja,
de abecedario ardiendo.
Tú eres como una espada azul y verde
y ondulas al tocarte, como un río.

Ven a mi alma vestida de blanco, con un ramo
de ensangrentadas rosas y copas de cenizas,
ven con una manzana y un caballo,
porque allí hay una sala oscura y un candelabro roto,
unas sillas torcidas que esperan el invierno,
y una paloma muerta, con un número.

TERCERA RESIDENCIA
(1934-1945)

ALIANZA (SONATA)

Ni el corazón cortado por un vidrio
ni un erial de espinas,
ni las aguas atroces vistas en los rincones
de ciertas casas, aguas como párpados y ojos,
podrían sujetar tu cintura en mis manos
cuando mi corazón levanta sus encinas
hacia tu inquebrantable hilo de nieve.
Nocturno azúcar, espíritu
de las coronas,
                    redimida
sangre humana, tus besos
me destierran
y un golpe de agua con restos del mar
golpea los silencios que te esperan
rodeando las gastadas sillas, gastando puertas.
Noches con ejes claros,
partida, material, únicamente
voz, únicamente
desnuda cada día.

Sobre tus pechos de corriente inmóvil,
sobre tus piernas de dureza y agua,
sobre la permanencia y el orgullo
de tu pelo desnudo,
quiero estar, amor mío, ya tiradas las lágrimas
al ronco cesto donde se acumulan,

quiero estar, amor mío, solo con una sílaba
de plata destrozada, solo con una punta
de tu pecho de nieve.

Ya no es posible, a veces,
ganar sino cayendo,
ya no es posible, entre dos seres
temblar, tocar la flor del río:
hebras de hombres vienen como agujas,
tramitaciones, trozos,
familias de coral repulsivo, tormentas
y pasos duros por alfombras
de invierno.

Entre labios y labios hay ciudades
de gran ceniza y húmeda cimera,
gotas de cuándo y cómo, indefinidas
circulaciones:
entre labios y labios como por una costa
de arena y vidrio, pasa el viento.

Por eso eres sin fin, recógeme como si fueras
toda solemnidad, toda nocturna
como una zona, hasta que te confundas
con las líneas del tiempo.
                      Avanza en la dulzura,
ven a mi lado hasta que las digitales
hojas de los violines
hayan callado, hasta que los musgos
arraiguen en el trueno, hasta que del latido
de mano y mano bajen las raíces.

En 1934 fue escrito este poema. Cuántas cosas han sobrevenido desde entonces! España, donde lo escribí, es una cintura de ruinas. Ay! si con sólo una gota de poesía o de amor pudiéramos aplacar la ira del mundo, pero eso sólo lo pueden la lucha y el corazón resuelto.

El mundo ha cambiado y mi poesía ha cambiado. Una gota de sangre caída en estas líneas quedará viviendo sobre ellas, indeleble como el amor.

Marzo de 1939

LAS FURIAS Y LAS PENAS

> *... Hay en mi corazón furias y penas...*
> QUEVEDO

En el fondo del pecho estamos juntos,
en el cañaveral del pecho recorremos
un verano de tigres,
al acecho de un metro de piel fría,
al acecho de un ramo de inaccesible cutis,
con la boca olfateando sudor y venas verdes
nos encontramos en la húmeda sombra que deja caer besos.

Tú mi enemiga de tanto sueño roto de la misma manera
que erizadas plantas de vidrio, lo mismo que campanas
deshechas de manera amenazante, tanto como disparos

45

de hiedra negra en medio del perfume,
enemiga de grandes caderas que mi pelo han tocado
con un ronco rocío, con una lengua de agua,
no obstante el mudo frío de los dientes y el odio de los ojos,
y la batalla de agonizantes bestias que cuidan el olvido,
en algún sitio del verano estamos juntos
acechando con labios que la sed ha invadido.
Si hay alguien que traspasa
una pared con círculo de fósforo
y hiere el centro de unos dulces miembros
y muerde cada hoja de un bosque dando gritos,
tengo también tus ojos de sangrienta luciérnaga
capaces de impregnar y atravesar rodillas
y gargantas rodeadas de seda general.

Cuando en las reuniones
el azar, la ceniza, las bebidas,
el aire interrumpido,
pero ahí están tus ojos oliendo a cacería,
a rayo verde que agujerea pechos,
tus dientes que abren manzanas de las que cae sangre,
tus piernas que se adhieren al sol dando gemidos,
y tus tetas de nácar y tus pies de amapola,
como embudos llenos de dientes que buscan sombra,
como rosas hechas de látigo y perfume, y aun,
aun más, aun más,
aun detrás de los párpados, aun detrás del cielo,
aun detrás de los trajes y los viajes, en las calles donde la gente
[orina,
adivinas los cuerpos,
en las agrias iglesias a medio destruir, en las cabinas que el mar
[lleva en las manos,

acechas con tus labios sin embargo floridos,
rompes a cuchilladas la madera y la plata,
crecen tus grandes venas que asustan:
no hay cáscara, no hay distancia ni hierro,
tocan manos tus manos,
y caes haciendo crepitar las flores negras.

Adivinas los cuerpos!
Como un insecto herido de mandatos,
adivinas el centro de la sangre y vigilas
los músculos que postergan la aurora, asaltas sacudidas,
relámpagos, cabezas,
y tocas largamente las piernas que te guían.

Oh conducida herida de flechas especiales!

Hueles lo húmedo en medio de la noche?

O un brusco vaso de rosales quemados?

Oyes caer la ropa, las llaves, las monedas
en las espesas casas donde llegas desnuda?

Mi odio es una sola mano que te indica
el callado camino, las sábanas en que alguien ha dormido
con sobresalto: llegas
y ruedas por el suelo manejada y mordida,
y el viejo olor del semen como una enredadera
de cenicienta harina se desliza a tu boca.

Ay leves locas copas y pestañas,
aire que inunda un entreabierto río

como una sola paloma de colérico cauce,
como atributo de agua sublevada,
ay substancias, sabores, párpados de ala viva
con un temblor, con una ciega flor temible,
ay graves, serios pechos como rostros,
ay grandes muslos llenos de miel verde,
y talones y sombra de pies, y transcurridas
respiraciones y superficies de pálida piedra,
y duras olas que suben la piel hacia la muerte
llenas de celestiales harinas empapadas.

Entonces, este río
va entre nosotros, y por una ribera
vas tú mordiendo bocas?
Entonces es que estoy verdaderamente, verdaderamente lejos
y un río de agua ardiendo pasa en lo oscuro?
Ay cuántas veces eres la que el odio no nombra,
y de qué modo hundido en las tinieblas,
y bajo qué lluvias de estiércol machacado
tu estatua en mi corazón devora el trébol.

El odio es un martillo que golpea tu traje
y tu frente escarlata,
y los días del corazón caen en tus orejas
como vagos búhos de sangre eliminada,
y los collares que gota a gota se formaron con lágrimas
rodean tu garganta quemándote la voz como con hielo.

Es para que nunca, nunca
hables, es para que nunca, nunca
salga una golondrina del nido de la lengua

y para que las ortigas destruyan tu garganta
y un viento de buque áspero te habite.

En dónde te desvistes?
En un ferrocarril, junto a un peruano rojo
o con un segador, entre terrones, a la violenta
luz del trigo?
O corres con ciertos abogados de mirada terrible
largamente desnuda, a la orilla del agua de la noche?

Miras: no ves la luna ni el jacinto
ni la oscuridad goteada de humedades,
ni el tren de cieno, ni el marfil partido:
ves cinturas delgadas como oxígeno,
pechos que aguardan acumulando peso
e idéntica al zafiro de lunar avaricia
palpitas desde el dulce ombligo hasta las rosas.

Por qué sí? Por qué no? Los días descubiertos
aportan roja arena sin cesar destrozada
a las hélices puras que inauguran el día,
y pasa un mes con corteza de tortuga,
pasa un estéril día,
pasa un buey, un difunto,
una mujer llamada Rosalía,
y no queda en la boca sino un sabor de pelo
y de dorada lengua que con sed se alimenta.
Nada sino esa pulpa de los seres,
nada sino esa copa de raíces.

Yo persigo como en un túnel roto, en otro extremo
carne y besos que debo olvidar injustamente,

y en las aguas de espaldas cuando ya los espejos
avivan el abismo, cuando la fatiga, los sórdidos relojes
golpean a la puerta de hoteles suburbanos, y cae
la flor de papel pintado, y el terciopelo cagado por las ratas y la
[cama
cien veces ocupada por miserables parejas, cuando
todo me dice que un día ha terminado, tú y yo
hemos estado juntos derribando cuerpos,
construyendo una casa que no dura ni muere,
tú y yo hemos corrido juntos un mismo río
con encadenadas bocas llenas de sal y sangre,
tú y yo hemos hecho temblar otra vez las luces verdes
y hemos solicitado de nuevo las grandes cenizas.

Recuerdo sólo un día
que tal vez nunca me fue destinado,
era un día incesante,
sin orígenes, Jueves.
Yo era un hombre transportado al acaso
con una mujer hallada vagamente,
nos desnudamos
como para morir o nadar o envejecer
y nos metimos uno dentro del otro,
ella rodeándome como un agujero,
yo quebrantándola como quien
golpea una campana,
pues ella era el sonido que me hería
y la cúpula dura decidida a temblar.

Era una sorda ciencia con cabello y cavernas
y machacando puntas de médula y dulzura
he rodado a las grandes coronas genitales
entre piedras y asuntos sometidos.

50

Éste es un cuento de puertos adonde
llega uno, al azar, y sube a las colinas,
suceden tantas cosas.

Enemiga, enemiga,
es posible que el amor haya caído al polvo
y no haya sino carne y huesos velozmente adorados
mientras el fuego se consume
y los caballos vestidos de rojo galopan al infierno?

Yo quiero para mí la avena y el relámpago
a fondo de epidermis,
y el devorante pétalo desarrollado en furia,
y el corazón labial del cerezo de junio,
y el reposo de lentas barrigas que arden sin dirección,
pero me falta un suelo de cal con lágrimas
y una ventana donde esperar espumas.

Así es la vida,
corre tú entre las hojas, un otoño
negro ha llegado,
corre vestida con una falda de hojas y un cinturón de metal
                                        [amarillo,
mientras la neblina de la estación roe las piedras.

Corre con tus zapatos, con tus medias,
con el gris repartido, con el hueco del pie, y con esas manos
                              [que el tabaco salvaje adoraría,
golpea escaleras, derriba
el papel negro que protege las puertas,

y entra en medio del sol y la ira de un día de puñales
a echarte como paloma de luto y nieve sobre un cuerpo.

En una sola hora larga como una vena,
y entre el ácido y la paciencia del tiempo arrugado
transcurrimos,
apartando las sílabas del miedo y la ternura,
interminablemente exterminados.

CANTO GENERAL
(1938-1949)

LA ESTUDIANTE

Oh, tú, más dulce, más interminable
que la dulzura, carnal enamorada
entre las sombras: de otros días
surges llenando de pesado polen
tu copa, en la delicia.
                             Desde la noche llena
de ultrajes, noche como el vino
desbocado, noche de oxidada púrpura,
a ti caí como una torre herida,
y entre las pobres sábanas tu estrella
palpitó contra mí quemando el cielo.

Oh redes del jazmín, oh fuego físico
alimentado en esta nueva sombra,
tinieblas que tocamos apretando
la cintura central, golpeando el tiempo
con sanguinarias ráfagas de espigas.

Amor sin nada más, en el vacío
de una burbuja, amor con calles muertas,
amor, cuando murió toda la vida
y nos dejó encendiendo los rincones.

Mordí mujer, me hundí desvaneciéndome
desde mi fuerza, atesoré racimos,
y salí a caminar de beso en beso,

atado a las caricias, amarrado
a esta gruta de fría cabellera,
a estas piernas por labios recorridas:
hambriento entre los labios de la tierra,
devorando con labios devorados.

EL AMOR

El firme amor, España, me diste con tus dones.
Vino a mí la ternura que esperaba
y me acompaña la que lleva el beso
más profundo a mi boca.
                              No pudieron
apartarla de mí las tempestades
ni las distancias agregaron tierra
al espacio de amor que conquistamos.
Cuando antes del incendio, entre las mieses
de España apareció tu vestidura,
yo fui doble noción, luz duplicada,
y la amargura resbaló en tu rostro
hasta caer sobre piedras perdidas.
De un gran dolor, de arpones erizados
desemboqué en tus aguas, amor mío,
como un caballo que galopa en medio
de la ira y la muerte, y lo recibe
de pronto una manzana matutina,
una cascada de temblor silvestre.
Desde entonces, amor, te conocieron
los páramos que hicieron mi conducta,
el océano oscuro que me sigue
y los castaños del otoño inmenso.

Quién no te vio, amorosa, dulce mía,
en la lucha, a mi lado, como una

aparición, con todas las señales
de la estrella? Quién, si anduvo
entre las multitudes a buscarme,
porque soy grano del granero humano,
no te encontró apretada a mis raíces,
elevada en el canto de mi sangre?

No sé, mi amor, si tendré tiempo y sitio
de escribir otra vez tu sombra fina
extendida en mis páginas, esposa:
son duros estos días y radiantes,
y recogemos de ellos la dulzura
amasada con párpados y espinas.
Ya no sé recordar cuándo comienzas:
estabas antes del amor,
                                        venías
con todas las esencias del destino,
y antes de ti, la soledad fue tuya,
fue tal vez tu dormida cabellera.
Hoy, copa de mi amor, te nombro apenas,
título de mis días, adorada,
y en el espacio ocupas como el día
toda la luz que tiene el universo.

LAS UVAS Y EL VIENTO
(1950-1953)

TE CONSTRUÍ CANTANDO

Yo te creé, yo te inventé en Italia.
Estaba solo.
El mar entre las grietas
desataba violento
su seminal espuma.
Así se preparaba
la abrupta primavera.
Los gérmenes dormidos entreabrían
sus pezones mojados,
secreta sed y sangre
herían mi cabeza.
Yo de mar y de tierra
te construí cantando.
Necesité tu boca, el arco puro
de tu pequeño pie, tu cabellera
de cereal quemado.
Yo te llamé y viniste de la noche,
y a la luz entreabierta de la aurora
encontré que existías
y que de mí como del mar la espuma
tú naciste, pequeña diosa mía.
Fuiste primero un germen acostado
que esperaba
bajo la tierra oscura
el crecimiento de la primavera,

y yo dormido entonces
sentí que me tocabas
debajo de la tierra,
porque ibas a nacer, y yo te había
sembrado
dentro de mi existencia. Luego el tiempo
y el olvido vinieron
y yo olvidé que tú estabas conmigo
creciendo solitaria
dentro de mí, y de pronto
encontré que tu boca
se había levantado de la tierra
como una flor gigante.
Eras tú que existías.
Yo te había creado.
Mi corazón entonces
tembló reconociéndote
y quiso rechazarte.
Pero ya no pudimos.
La tierra estaba llena
de racimos sagrados.
Mar y tierra en tus manos
estallaban
con los dones maduros.
Y así fue tu dulzura derramándose
en mi respiración y en mis sentidos
porque por mí fuiste creada
para que me ayudaras
a vivir la alegría.
Y así, la tierra,
la flor y el fruto, fuiste,

así del mar venías
sumergida esperando
y te tendiste junto a mí en el sueño
del que no despertamos.

UN DÍA

A ti, amor, este día
a ti te lo consagro.
Nació azul, con un ala
blanca en mitad del cielo.
Llegó la luz
a la inmovilidad de los cipreses.
Los seres diminutos
salieron a la orilla de una hoja
o a la mancha del sol en una piedra.
Y el día sigue azul
hasta que entre en la noche como un río
y haga temblar la sombra con sus aguas azules.
A ti, amor, este día.

Apenas, desde lejos, desde el sueño,
lo presentí y apenas
me tocó su tejido
de red incalculable
yo pensé: es para ella.
Fue un latido de plata,
fue sobre el mar volando un pez azul,
fue un contacto de arenas deslumbrantes,
fue el vuelo de una flecha
que entre el cielo y la tierra
atravesó mi sangre

y como un rayo recogí en mi cuerpo
la desbordada claridad del día.

Es para ti, amor mío.

Yo dije: es para ella.
Este vestido es suyo.
El relámpago azul que se detuvo
sobre el agua y la tierra
a ti te lo consagro.

A ti, amor, este día.

Como una copa eléctrica
o una corola de agua temblorosa,
levántalo en tus manos,
bébelo con los ojos y la boca,
derrámalo en tus venas para que arda
la misma luz en tu sangre y la mía.

Y te doy este día
con todo lo que traiga:
las transparentes uvas de zafiro
y la ráfaga rota
que acerque a tu ventana
los dolores del mundo.

Yo te doy todo el día.
De claridad y de dolor haremos
el pan de nuestra vida,
sin rechazar lo que nos traiga el viento
ni recoger sólo la luz del cielo,

sino las cifras ásperas
de la sombra en la tierra.

Todo te pertenece.
Todo este día con su azul racimo
y la secreta lágrima de sangre
que tú encontrarás en la tierra.

Y no te cegará la oscuridad
ni la luz deslumbrante:
de este amasijo humano
están hechas las vidas
y de este pan del hombre comeremos.

Y nuestro amor hecho de luz oscura
y de sombra radiante
será como este día vencedor
que entrará como un río
de claridad en medio de la noche.

Toma este día, amada.
Todo este día es tuyo.

Se lo doy a tus ojos, amor mío,
se lo doy a tu pecho,
te lo dejo en las manos y en el pelo,
como un ramo celeste.
Te lo doy para que hagas un vestido
de plata azul y de agua.
Cuando llegue
la noche que este día inundará
con su red temblorosa,

tiéndete junto a mí,
tócame y cúbreme
con todos los tejidos estrellados
de la luz y la sombra
y cierra tus ojos entonces
para que yo me duerma.

LOS VERSOS DEL CAPITÁN
(1951-1952)

LA REINA

Yo te he nombrado reina.
Hay más altas que tú, más altas.
Hay más puras que tú, más puras.
Hay más bellas que tú, hay más bellas.
Pero tú eres la reina.

Cuando vas por las calles
nadie te reconoce.
Nadie ve tu corona de cristal, nadie mira
la alfombra de oro rojo
que pisas donde pasas,
la alfombra que no existe.

Y cuando asomas
suenan todos los ríos
en mi cuerpo, sacuden
el cielo las campanas,
y un himno llena el mundo.

Sólo tú y yo,
sólo tú y yo, amor mío,
lo escuchamos.

8 DE SEPTIEMBRE

Hoy, este día fue una copa plena,
hoy, este día fue la inmensa ola,
hoy, fue toda la tierra.

Hoy el mar tempestuoso
nos levantó en un beso
tan alto que temblamos
a la luz de un relámpago
y, atados, descendimos
a sumergirnos sin desenlazarnos.

Hoy nuestros cuerpos se hicieron extensos,
crecieron hasta el límite del mundo
y rodaron fundiéndose
en una sola gota
de cera o meteoro.

Entre tú y yo se abrió una nueva puerta
y alguien, sin rostro aún,
allí nos esperaba.

EL INCONSTANTE

Los ojos se me fueron
detrás de una morena
que pasó.
Era de nácar negro,
era de uvas moradas,
y me azotó la sangre
con su cola de fuego.

Detrás de todas
me voy.

Pasó una clara rubia
como una planta de oro
balanceando sus dones.
Y mi boca se fue
como con una ola
descargando en su pecho
relámpagos de sangre.

Detrás de todas
me voy.

Pero a ti, sin moverme,
sin verte, tú distante,
van mi sangre y mis besos,
morena y clara mía,

alta y pequeña mía,
ancha y delgada mía,
mi fea, mi hermosura,
hecha de todo el oro
y de toda la plata,
hecha de todo el trigo
y de toda la tierra,
hecha de toda el agua
de las olas marinas,
hecha para mis brazos,
hecha para mis besos,
hecha para mi alma.

LA INFINITA

Ves estas manos? Han medido
la tierra, han separado
los minerales y los cereales,
han hecho la paz y la guerra,
han derribado las distancias
de todos los mares y ríos,
y sin embargo
cuando te recorren
a ti, pequeña,
grano de trigo, alondra,
no alcanzan a abarcarte,
se cansan alcanzando
las palomas gemelas
que reposan o vuelan en tu pecho,
recorren las distancias de tus piernas,
se enrollan en la luz de tu cintura.
Para mí eres tesoro más cargado
de inmensidad que el mar y sus racimos
y eres blanca y azul y extensa como
la tierra en la vendimia.
En ese territorio,
de tus pies a tu frente,
andando, andando, andando,
me pasaré la vida.

BELLA

Bella,
como en la piedra fresca
del manantial, el agua
abre un ancho relámpago de espuma,
así es la sonrisa en tu rostro,
bella.

Bella,
de finas manos y delgados pies
como un caballito de plata,
andando, flor del mundo,
así te veo,
bella.

Bella,
con un nido de cobre enmarañado
en tu cabeza, un nido
color de miel sombría
donde mi corazón arde y reposa,
bella.

Bella,
no te caben los ojos en la cara,
no te caben los ojos en la tierra.
Hay países, hay ríos
en tus ojos,

mi patria está en tus ojos,
yo camino por ellos,
ellos dan luz al mundo
por donde yo camino,
bella.

Bella,
tus senos son como dos panes hechos
de tierra cereal y luna de oro,
bella.

Bella,
tu cintura
la hizo mi brazo como un río cuando
pasó mil años por tu dulce cuerpo,
bella.

Bella,
no hay nada como tus caderas,
tal vez la tierra tiene
en algún sitio oculto
la curva y el aroma de tu cuerpo,
tal vez en algún sitio,
bella.

Bella, mi bella,
tu voz, tu piel, tus uñas,
bella, mi bella,
tu ser, tu luz, tu sombra,
bella,
todo eso es mío, bella,
todo eso es mío, mía,

cuando andas o reposas,
cuando cantas o duermes,
cuando sufres o sueñas,
siempre,
cuando estás cerca o lejos,
siempre,
eres mía, mi bella,
siempre.

EL AMOR

Qué tienes, qué tenemos,
qué nos pasa?
Ay, nuestro amor es una cuerda dura
que nos amarra hiriéndonos
y si queremos
salir de nuestra herida,
separarnos,
nos hace un nuevo nudo y nos condena
a desangrarnos y quemarnos juntos.

Qué tienes? Yo te miro
y no hallo nada en ti sino dos ojos
como todos los ojos, una boca
perdida entre mil bocas que besé, más hermosas,
un cuerpo igual a los que resbalaron
bajo mi cuerpo sin dejar memoria.

Y qué vacía por el mundo ibas
como una jarra de color de trigo
sin aire, sin sonido, sin substancia!
Yo busqué en vano en ti
profundidad para mis brazos
que excavan, sin cesar, bajo la tierra:
bajo tu piel, bajo tus ojos
nada,
bajo tu doble pecho levantado

apenas
una corriente de orden cristalino
que no sabe por qué corre cantando.
Por qué, por qué, por qué,
amor mío, por qué?

EL POZO

A veces te hundes, caes
en tu agujero de silencio,
en tu abismo de cólera orgullosa,
y apenas puedes
volver, aún con jirones
de lo que hallaste
en la profundidad de tu existencia.

Amor mío, qué encuentras
en tu pozo cerrado?
Algas, ciénagas, rocas?
Qué ves con ojos ciegos,
rencorosa y herida?

Mi vida, no hallarás
en el pozo en que caes
lo que yo guardo para ti en la altura:
un ramo de jazmines con rocío,
un beso más profundo que tu abismo.

No me temas, no caigas
en tu rencor de nuevo.
Sacude la palabra mía que vino a herirte
y déjala que vuele por la ventana abierta.
Ella volverá a herirme
sin que tú la dirijas

puesto que fue cargada con un instante duro
y ese instante será desarmado en mi pecho.

Sonríeme radiosa
si mi boca te hiere.
No soy un pastor dulce
como en los cuentos de hadas,
sino un buen leñador que comparte contigo
tierra, viento y espinas de los montes.

Ámame tú, sonríeme,
ayúdame a ser bueno.
No te hieras sin mí, que será inútil,
no me hieras a mí porque te hieres.

EL SUEÑO

Andando en las arenas
yo decidí dejarte.

Pisaba un barro oscuro
que temblaba,
y hundiéndome y saliendo
decidí que salieras
de mí, que me pesabas
como piedra cortante,
y elaboré tu pérdida
paso a paso:
cortarte las raíces,
soltarte sola al viento.

Ay, en ese minuto,
corazón mío, un sueño
con sus alas terribles
te cubría.

Te sentías tragada por el barro,
y me llamabas y yo no acudía,
te ibas, inmóvil,
sin defenderte
hasta ahogarte en la boca de arena.

Después
mi decisión se encontró con tu sueño,
y desde la ruptura
que nos quebraba el alma,
surgimos limpios otra vez, desnudos,
amándonos
sin sueño, sin arena,
completos y radiantes,
sellados por el fuego.

TÚ VENÍAS

No me has hecho sufrir
sino esperar.

Aquellas horas
enmarañadas, llenas
de serpientes,
cuando
se me caía el alma y me ahogaba,
tú venías andando,
tú venías desnuda y arañada,
tú llegabas sangrienta hasta mi lecho,
novia mía,
y entonces
toda la noche caminamos
durmiendo
y cuando despertamos
eras intacta y nueva,
como si el grave viento de los sueños
de nuevo hubiera dado
fuego a tu cabellera
y en trigo y plata hubiera sumergido
tu cuerpo hasta dejarlo deslumbrante.

Yo no sufrí, amor mío,
yo sólo te esperaba.
Tenías que cambiar de corazón

y de mirada
después de haber tocado la profunda
zona de mar que te entregó mi pecho.
Tenías que salir del agua
pura como una gota levantada
por una ola nocturna.

Novia mía, tuviste
que morir y nacer, yo te esperaba.
Yo no sufrí buscándote,
sabía que vendrías,
una nueva mujer con lo que adoro
de la que no adoraba,
con tus ojos, tus manos y tu boca
pero con otro corazón
que amaneció a mi lado
como si siempre hubiera estado allí
para seguir conmigo para siempre.

EL MONTE Y EL RÍO

En mi patria hay un monte.
En mi patria hay un río.

Ven conmigo.

La noche al monte sube.
El hambre baja al río.

Ven conmigo.

Quiénes son los que sufren?
No sé, pero son míos.

Ven conmigo.

No sé, pero me llaman
y me dicen: «Sufrimos».

Ven conmigo.

Y me dicen: «Tu pueblo,
tu pueblo desdichado,
entre el monte y el río,
con hambre y con dolores,
no quiere luchar solo,
te está esperando, amigo».

Oh tú, la que yo amo,
pequeña, grano rojo
de trigo,
será dura la lucha,
la vida será dura,
pero vendrás conmigo.

NO SÓLO EL FUEGO

Ay sí, recuerdo,
ay tus ojos cerrados
como llenos por dentro de luz negra,
todo tu cuerpo como una mano abierta,
como un racimo blanco de la luna,
y el éxtasis,
cuando nos mata un rayo,
cuando un puñal nos hiere en las raíces
y nos rompe una luz la cabellera,
y cuando
vamos de nuevo
volviendo a la vida,
como si del océano saliéramos,
como si del naufragio
volviéramos heridos
entre las piedras y las algas rojas.

Pero
hay otros recuerdos,
no sólo flores del incendio,
sino pequeños brotes
que aparecen de pronto
cuando voy en los trenes
o en las calles.

Te veo
lavando mis pañuelos,

colgando en la ventana
mis calcetines rotos,
tu figura en que todo,
todo el placer como una llamarada
cayó sin destruirte,
de nuevo,
mujercita
de cada día,
de nuevo ser humano,
humildemente humano,
soberbiamente pobre,
como tienes que ser para que seas
no la rápida rosa
que la ceniza del amor deshace,
sino toda la vida,
toda la vida con jabón y agujas,
con el aroma que amo
de la cocina que tal vez no tendremos
y en que tu mano entre las papas fritas
y tu boca cantando en invierno
mientras llega el asado
serían para mí la permanencia
de la felicidad sobre la tierra.

Ay vida mía,
no sólo el fuego entre nosotros arde,
sino toda la vida,
la simple historia,
el simple amor
de una mujer y un hombre
parecidos a todos.

ODAS Y GERMINACIONES I

El sabor de tu boca y el color de tu piel,
piel, boca, fruta mía de estos días veloces,
dímelo, fueron sin cesar a tu lado
por años y por viajes y por lunas y soles
y tierra y llanto y lluvia y alegría
o sólo ahora, sólo
salen de tus raíces
como a la tierra seca el agua trae
germinaciones que no conocía
o a los labios del cántaro olvidado
sube en el agua el gusto de la tierra?

No sé, no me lo digas, no lo sabes.
Nadie sabe estas cosas.
Pero acercando todos mis sentidos
a la luz de tu piel, desapareces,
te fundes como el ácido
aroma de una fruta
y el calor de un camino,
el olor del maíz que se desgrana,
la madreselva de la tarde pura,
los nombres de la tierra polvorienta,
el perfume infinito de la patria:
magnolia y matorral, sangre y harina,
galope de caballos,
la luna polvorienta de la aldea,

el pan recién nacido:
ay todo de tu piel vuelve a mi boca,
vuelve a mi corazón, vuelve a mi cuerpo,
y vuelvo a ser contigo
la tierra que tú eres:
eres en mí profunda primavera:
vuelvo a saber en ti cómo germino.

ODAS Y GERMINACIONES IV

Cuando he llegado aquí se detiene mi mano.
Alguien pregunta: —Dime por qué, como las olas
en una misma costa, tus palabras
sin cesar van y vuelven a su cuerpo?
Ella es sólo la forma que tú amas?
Y respondo: mis manos no se sacian
en ella, mis besos no descansan,
por qué retiraría las palabras
que repiten la huella de su contacto amado,
que se cierran guardando
inútilmente como en la red el agua,
la superficie y la temperatura
de la ola más pura de la vida?
Y, amor, tu cuerpo no sólo es la rosa
que en la sombra o la luna se levanta,
o sorprendo o persigo.
No sólo es movimiento o quemadura,
acto de sangre o pétalo del fuego,
sino que para mí tú me has traído
mi territorio, el barro de mi infancia,
las olas de la avena,
la piel redonda de la fruta oscura
que arranqué de la selva,
aroma de maderas y manzanas,
color de agua escondida donde caen
frutos secretos y profundas hojas.

Oh amor, tu cuerpo sube
como una línea pura de vasija
desde la tierra que me reconoce
y cuando te encontraron mis sentidos
tú palpitaste como si cayeran
dentro de ti la lluvia y las semillas!
Ay que me digan cómo
pudiera yo abolirte
y dejar que mis manos sin tu forma
arrancaran el fuego a mis palabras!
Suave mía, reposa
tu cuerpo en estas líneas que te deben
más de lo que me das en tu contacto,
vive en estas palabras y repite
en ellas la dulzura y el incendio,
estremécete en medio de sus sílabas,
duerme en mi nombre como te has dormido
sobre mi corazón, y así mañana
el hueco de tu forma
guardarán mis palabras
y el que las oiga un día recibirá una ráfaga
de trigo y amapolas:
estará todavía respirando
el cuerpo del amor sobre la tierra!

ODAS Y GERMINACIONES V

Hilo de trigo y agua,
de cristal o de fuego,
la palabra y la noche,
el trabajo y la ira,
la sombra y la ternura,
todo lo has ido poco a poco cosiendo
a mis bolsillos rotos,
y no sólo en la zona trepidante
en que amor y martirio son gemelos
como dos campanas de incendio,
me esperaste, amor mío,
sino en las más pequeñas
obligaciones dulces.
El aceite dorado de Italia hizo tu nimbo,
santa de la cocina y la costura,
y tu coquetería pequeñuela,
que tanto se tardaba en el espejo,
con tus manos que tienen
pétalos que el jazmín envidiaría
lavó los utensilios y mi ropa,
desinfectó las llagas.
Amor mío, a mi vida
llegaste preparada
como amapola y como guerrillera:
de seda el esplendor que yo recorro
con el hambre y la sed

que sólo para ti traje a este mundo,
y detrás de la seda
la muchacha de hierro
que luchará a mi lado.
Amor, amor, aquí nos encontramos.
Seda y metal, acércate a mi boca.

ODAS Y GERMINACIONES VI

Y porque Amor combate
no sólo en su quemante agricultura,
sino en la boca de hombres y mujeres,
terminaré saliéndole al camino
a los que entre mi pecho y tu fragancia
quieran interponer su planta oscura.
De mí nada más malo
te dirán, amor mío,
de lo que yo te dije.
Yo viví en las praderas
antes de conocerte
y no esperé el amor sino que estuve
acechando y salté sobre la rosa.
Qué más pueden decirte?
No soy bueno ni malo sino un hombre,
y agregarán entonces el peligro
de mi vida, que conoces
y que con tu pasión has compartido.
Y bien, este peligro
es peligro de amor, de amor completo
hacia toda la vida,
hacia todas las vidas,
y si este amor nos trae
la muerte o las prisiones,
yo estoy seguro que tus grandes ojos,
como cuando los beso

se cerrarán entonces con orgullo,
en doble orgullo, amor,
con tu orgullo y el mío.
Pero hacia mis orejas vendrán antes
a socavar la torre
del amor dulce y duro que nos liga,
y me dirán: —«Aquella
que tú amas,
no es mujer para ti,
por qué la quieres? Creo
que podrías hallar una más bella,
más seria, más profunda,
más otra, tú me entiendes, mírala qué ligera,
y qué cabeza tiene,
y mírala cómo se viste
y etcétera y etcétera».
Y yo en estas líneas digo:
así te quiero, amor,
amor, así te amo,
así como te vistes
y como se levanta
tu cabellera y como
tu boca se sonríe,
ligera como el agua
del manantial sobre las piedras puras,
así te quiero, amada.
Al pan yo no le pido que me enseñe
sino que no me falte
durante cada día de la vida.
Yo no sé nada de la luz, de dónde
viene ni dónde va,
yo sólo quiero que la luz alumbre,

yo no pido a la noche
explicaciones,
yo la espero y me envuelve,
y así tú, pan y luz
y sombra eres.
Has venido a mi vida
con lo que tú traías,
hecha
de luz y pan y sombra te esperaba,
y así te necesito,
así te amo,
y a cuantos quieran escuchar mañana
lo que no les diré, que aquí lo lean,
y retrocedan hoy porque es temprano
para estos argumentos.
Mañana sólo les daremos
una hoja del árbol de nuestro amor, una hoja
que caerá sobre la tierra
como si la hubieran hecho nuestros labios,
como un beso que cae
desde nuestras alturas invencibles
para mostrar el fuego y la ternura
de un amor verdadero.

EPITALAMIO

Recuerdas cuando
en invierno
llegamos a la isla?
El mar hacia nosotros levantaba
una copa de frío.
En las paredes las enredaderas
susurraban dejando
caer hojas oscuras
a nuestro paso.
Tú eras también una pequeña hoja
que temblaba en mi pecho.
El viento de la vida allí te puso.
En un principio no te vi: no supe
que ibas andando conmigo,
hasta que tus raíces
horadaron mi pecho,
se unieron a los hilos de mi sangre,
hablaron por mi boca,
florecieron conmigo.
Así fue tu presencia inadvertida,
hoja o rama invisible
y se pobló de pronto
mi corazón de frutos y sonidos.
Habitaste la casa
que te esperaba oscura
y encendiste las lámparas entonces.

Recuerda, amor mío,
nuestros primeros pasos en la isla:
las piedras grises nos reconocieron,
las rachas de la lluvia,
los gritos del viento en la sombra.
Pero fue el fuego
nuestro único amigo,
junto a él apretamos
el dulce amor de invierno
a cuatro brazos.
El fuego vio crecer nuestro beso desnudo
hasta tocar estrellas escondidas,
y vio nacer y morir el dolor
como una espada rota
contra el amor invencible.
Recuerdas,
oh dormida en mi sombra,
cómo de ti crecía
el sueño,
de tu pecho desnudo
abierto con sus cúpulas gemelas
hacia el mar, hacia el viento de la isla
y cómo yo en tu sueño navegaba
libre, en el mar y en el viento
atado y sumergido sin embargo
al volumen azul de dulzura.
O dulce, dulce mía,
cambió la primavera
los muros de la isla.
Apareció una flor como una gota
de sangre anaranjada,
y luego descargaron los colores

todo su peso puro.
El mar reconquistó su transparencia,
la noche en el cielo
destacó sus racimos
y ya todas las cosas susurraron
nuestro nombre de amor, piedra por piedra
dijeron nuestro nombre y nuestro beso.
La isla de piedra y musgo
resonó en el secreto de sus grutas
como en tu boca el canto,
y la flor que nacía
entre los intersticios de la piedra
con su secreta sílaba
dijo al pasar tu nombre
de planta abrasadora,
y la escarpada roca levantada
como el muro del mundo
reconoció mi canto, bienamada,
y todas las cosas dijeron
tu amor, mi amor, amada,
porque la tierra, el tiempo, el mar, la isla,
la vida, la marea,
el germen que entreabre
sus labios en la tierra,
la flor devoradora,
el movimiento de la primavera,
todo nos reconoce.
Nuestro amor ha nacido
fuera de las paredes,
en el viento,
en la noche,
en la tierra,

y por eso la arcilla y la corola,
el barro y las raíces
saben cómo te llamas,
y saben que mi boca
se juntó con la tuya
porque en la tierra nos sembraron juntos
sin que sólo nosotros lo supiéramos
y que crecemos juntos
y florecemos juntos
y por eso
cuando pasamos,
tu nombre está en los pétalos
de la rosa que crece en la piedra,
mi nombre está en las grutas.
Ellos todo lo saben,
no tenemos secretos,
hemos crecido juntos
pero no lo sabíamos.
El mar conoce nuestro amor, las piedras
de la altura rocosa
saben que nuestros besos florecieron
con pureza infinita,
como en sus intersticios una boca
escarlata amanece:
así conocen nuestro amor y el beso
que reúnen tu boca y la mía
en una flor eterna.
Amor mío,
la primavera dulce,
flor y mar, nos rodean.
No la cambiamos
por nuestro invierno,

cuando el viento
comenzó a descifrar tu nombre
que hoy en todas las horas repite,
cuando
las hojas no sabían
que tú eras una hoja,
cuando
las raíces
no sabían que tú me buscabas
en mi pecho.
Amor, amor,
la primavera
nos ofrece el cielo,
pero la tierra oscura
es nuestro nombre,
nuestro amor pertenece
a todo el tiempo y la tierra.
Amándonos, mi brazo
bajo tu cuello de arena,
esperaremos
cómo cambia la tierra y el tiempo
en la isla,
cómo caen las hojas
de las enredaderas taciturnas,
cómo se va el otoño
por la ventana rota.
Pero nosotros
vamos a esperar
a nuestro amigo,
a nuestro amigo de ojos rojos,
el fuego,
cuando de nuevo el viento

sacuda las fronteras de la isla
y desconozca el nombre
de todos,
el invierno
nos buscará, amor mío,
siempre,
nos buscará, porque lo conocemos,
porque no lo tememos,
porque tenemos
con nosotros
el fuego
para siempre.
Tenemos
la tierra con nosotros
para siempre,
la primavera con nosotros
para siempre,
y cuando se desprenda
de las enredaderas
una hoja
tú sabes, amor mío,
qué nombre viene escrito
en esa hoja,
un nombre que es el tuyo y es el mío,
nuestro nombre de amor, un solo
ser, la flecha
que atravesó el invierno,
el amor invencible,
el fuego de los días,
una hoja
que me cayó en el pecho,
una hoja del árbol

de la vida
que hizo nido y cantó,
que echó raíces,
que dio flores y frutos.
Y así ves, amor mío,
cómo marcho
por la isla,
por el mundo,
seguro en medio de la primavera,
loco de luz en el frío,
andando tranquilo en el fuego,
levantando tu peso
de pétalo en mis brazos,
como si nunca hubiera caminado
sino contigo, alma mía,
como si no supiera caminar
sino contigo,
como si no supiera cantar
sino cuando tú cantas.

LA CARTA EN EL CAMINO

Adiós, pero conmigo
serás, irás adentro
de una gota de sangre que circule en mis venas
o fuera, beso que me abrasa el rostro
o cinturón de fuego en mi cintura.
Dulce mía, recibe
el gran amor que salió de mi vida
y que en ti no encontraba territorio
como el explorador perdido
en las islas del pan y de la miel.
Yo te encontré después
de la tormenta,
a la lluvia lavó el aire
y en el agua
tus dulces pies brillaron como peces.

Adorada, me voy a mis combates.

Arañaré la tierra para hacerte una cueva
y allí tu Capitán
te esperará con flores en el lecho.
No pienses más, mi dulce,
en el tormento
que pasó entre nosotros
como un rayo de fósforo
dejándonos tal vez su quemadura.

La paz llegó también porque regreso
a luchar a mi tierra,
y como tengo el corazón completo
con la parte de sangre que me diste
para siempre,
y como
llevo
las manos llenas de tu ser desnudo,
mírame,
mírame,
mírame por el mar, que voy radiante,
mírame por la noche que navego,
y mar y noche son los ojos tuyos.
No he salido de ti cuando me alejo.
Ahora voy a contarte:
mi tierra será tuya,
yo voy a conquistarla,
no sólo para dártela,
sino que para todos,
para todo mi pueblo.
Saldrá el ladrón de su torre algún día.
Y el invasor será expulsado.
Todos los frutos de la vida
crecerán en mis manos
acostumbrados antes a la pólvora.
Y sabré acariciar las nuevas flores
porque tú me enseñaste la ternura.
Dulce mía, adorada,
vendrás conmigo a luchar cuerpo a cuerpo
porque en mi corazón viven tus besos
como banderas rojas,
y si caigo, no sólo

me cubrirá la tierra
sino este gran amor que me trajiste
y que vivió circulando en mi sangre.
Vendrás conmigo,
en esa hora te espero,
en esa hora y en todas las horas,
en todas las horas te espero.
Y cuando venga la tristeza que odio
a golpear a tu puerta,
dile que yo te espero
y cuando la soledad quiera que cambies
la sortija en que está mi nombre escrito,
dile a la soledad que hable conmigo,
que yo debí marcharme
porque soy un soldado,
y que allí donde estoy,
bajo la lluvia o bajo
el fuego,
amor mío, te espero,
te espero en el desierto más duro
y junto al limonero florecido:
en todas partes donde esté la vida,
donde la primavera está naciendo,
amor mío, te espero.
Cuando te digan: «Ese hombre
no te quiere», recuerda
que mis pies están solos en esa noche, y buscan
los dulces y pequeños pies que adoro.
Amor, cuando te digan
que te olvidé, y aun cuando
sea yo quien lo dice,
cuando yo te lo diga,

no me creas,
quién y cómo podrían
cortarte de mi pecho
y quién recibiría
mi sangre
cuando hacia ti me fuera desangrando?
Pero tampoco puedo
olvidar a mi pueblo.
Voy a luchar en cada calle,
detrás de cada piedra.
Tu amor también me ayuda:
es una flor cerrada
que cada vez me llena con su aroma
y que se abre de pronto
dentro de mí como una gran estrella.

Amor mío, es de noche.
El agua negra, el mundo
dormido, me rodean.
Vendrá luego la aurora,
y yo mientras tanto te escribo
para decirte: «Te amo».
Para decirte: «Te amo», cuida,
limpia, levanta,
defiende
nuestro amor, alma mía.
Yo te lo dejo como si dejara
un puñado de tierra con semillas.
De nuestro amor nacerán vidas.
En nuestro amor beberán agua.
Tal vez llegará un día
en que un hombre

y una mujer, iguales
a nosotros,
tocarán este amor, y aún tendrá fuerza
para quemar las manos que lo toquen.
Quiénes fuimos? Qué importa?
Tocarán este fuego
y el fuego, dulce mía, dirá tu simple nombre
y el mío, el nombre
que tú sola supiste porque tú sola
sobre la tierra sabes
quién soy, y porque nadie me conoció como una,
como una sola de tus manos,
porque nadie
supo cómo, ni cuándo
mi corazón estuvo ardiendo:
tan sólo
tus grandes ojos pardos lo supieron,
tu ancha boca,
tu piel, tus pechos,
tu vientre, tus entrañas
y el alma tuya que yo desperté
para que se quedara
cantando hasta el fin de la vida.

Amor, te espero.

Adiós, amor, te espero.

Amor, amor, te espero.

Y así esta carta se termina
sin ninguna tristeza:

están firmes mis pies sobre la tierra,
mi mano escribe esta carta en el camino,
y en medio de la vida estaré
siempre
junto al amigo, frente al enemigo,
con tu nombre en la boca
y un beso que jamás
se apartó de la tuya.

ODAS ELEMENTALES
(1952-1954)

ODA AL AMOR

Amor, hagamos cuentas.
A mi edad
no es posible
engañar o engañarnos.
Fui ladrón de caminos,
tal vez,
no me arrepiento.
Un minuto profundo,
una magnolia rota
por mis dientes
y la luz de la luna
celestina.
Muy bien, pero, el balance?
La soledad mantuvo
su red entretejida
de fríos jazmineros
y entonces
la que llegó a mis brazos
fue la reina rosada
de las islas.
Amor,
con una gota,
aunque caiga
durante toda y toda
la nocturna
primavera

no se forma el océano
y me quedé desnudo,
solitario, esperando.

Pero, he aquí que aquella
que pasó por mis brazos
como una ola,
aquella
que sólo fue un sabor
de fruta vespertina,
de pronto
parpadeó como estrella,
ardió como paloma
y la encontré en mi piel
desenlazándose
como la cabellera de una hoguera.
Amor, desde aquel día
todo fue más sencillo.
Obedecí las órdenes
que mi olvidado corazón me daba
y apreté su cintura
y reclamé su boca
con todo el poderío
de mis besos,
como un rey que arrebata
con un ejército desesperado
una pequeña torre donde crece
la azucena salvaje de su infancia.

Por eso, Amor, yo creo
que enmarañado y duro
puede ser tu camino,

pero que vuelves
de tu cacería
y cuando enciendes
otra vez el fuego,
como el pan en la mesa,
así, con sencillez,
debe estar lo que amamos.
Amor, eso me diste.
Cuando por vez primera
ella llegó a mis brazos
pasó como las aguas
en una despeñada primavera.
Hoy
la recojo.
Son angostas mis manos y pequeñas
las cuencas de mis ojos
para que ellas reciban
su tesoro,
la cascada
de interminable luz, el hilo de oro,
el pan de su fragancia
que son sencillamente, Amor, mi vida.

ODA A LA PAREJA

I

Reina, es hermoso ver
marcando mi camino
tu pisada pequeña
o ver tus ojos
enredándose
en todo lo que miro,
ver despertar tu rostro
cada día,
sumergirse
en el mismo
fragmento
de sombra
cada noche.
Hermoso
es ver
el tiempo
que corre
como el mar
contra una sola proa
formada por tus senos y mi pecho,
por tus pies y mis manos.
Pasan por tu perfil
olas del tiempo,
las mismas que me azotan

y me encienden,
olas como furiosas
dentelladas de frío
y olas como los granos
de la espiga.
Pero
estamos juntos,
resistimos,
guardando
tal vez
espuma negra o roja
en la memoria,
heridas
que palpitaron como labios o alas.
Vamos andando juntos
por calles y por islas,
bajo el violín quebrado
de las ráfagas,
frente a un dios enemigo,
sencillamente juntos
una mujer y un hombre.

II

Aquellos
que no han sentido cada
día del mundo
caer
sobre la doble
máscara del navío,
no la sal sino el tiempo,

no la sombra
sino el paso desnudo
de la dicha,
cómo podrán cerrar
los ojos,
los ojos solitarios y dormir?

No me gusta
la casa sin tejado,
la ventana sin vidrios.
No me gusta
el día sin trabajo,
ni la noche sin sueño.
No me gusta
el hombre
sin mujer,
ni la mujer
sin hombre.

Complétate,
hombre o mujer, que nada
te intimide.
En algún sitio
ahora
están esperándote.
Levántate:
tiembla
la luz en las campanas,
nacen
las amapolas,
tienes
que vivir

y amasar
con barro y luz tu vida.

Si sobre dos cabezas
cae la nieve
es dulce el corazón
caliente de la casa.
De otra manera,
en la intemperie, el viento
te pregunta:
dónde está
la que amaste?
Y te empuja, mordiéndote, a buscarla.
Media mujer es una
y un hombre es medio hombre.
En media casa viven,
duermen en medio lecho.

Yo quiero
que las vidas se integren
encendiendo los besos
hasta ahora apagados.
Yo soy el buen poeta
casamentero. Tengo
novias
para todos los hombres.
Todos los días veo
mujeres solitarias
que por ti me preguntan.
Te casaré, si quieres,
con la hermana
de la sirena reina de las islas.

Por desgracia, no puedes
casarte con la reina,
porque me está esperando.
Se casará conmigo.

NUEVAS ODAS ELEMENTALES
(1955)

ODA A SU AROMA

Suave mía, a qué hueles,
a qué fruto,
a qué estrella, a qué hoja?

Cerca
de tu pequeña oreja
o en tu frente
me inclino,
clavo
la nariz entre el pelo
y la sonrisa
buscando, conociendo
la raza de tu aroma:
es suave, pero
no es flor, no es cuchillada
de clavel penetrante
o arrebatado aroma
de violentos
jazmines,
es algo, es tierra,
es
aire,
maderas o manzanas,
olor
de la luz en la piel,
aroma

de la hoja
del árbol
de la vida
con polvo
de camino
y frescura
de matutina sombra
en las raíces,
olor de piedra y río,
pero
más cerca
de un durazno,
de la tibia
palpitación secreta
de la sangre,
olor
a casa pura
y a cascada,
fragancia
de paloma
y cabellera,
aroma
de mi mano
que recorrió la luna
de tu cuerpo,
las estrellas
de tu piel estrellada,
el oro,
el trigo,
el pan de tu contacto,
y allí
en la longitud

de tu luz loca,
en tu circunferencia de vasija,
en la copa,
en los ojos de tus senos,
entre tus anchos párpados
y tu boca de espuma,
en todo
dejó,
dejó mi mano
olor de tinta y selva,
sangre y frutos perdidos,
fragancia
de olvidados planetas,
de puros
papeles vegetales,
allí
mi propio cuerpo
sumergido
en la frescura de tu amor, amada,
como en un manantial
o en el sonido
de un campanario
arriba
entre el olor del cielo
y el vuelo
de las últimas aves,
amor,
olor,
palabra
de tu piel, del idioma
de la noche en tu noche,
del día en tu mirada.

Desde tu corazón
sube
tu aroma
como desde la tierra
la luz hasta la cima del cerezo:
en tu piel yo detengo
tu latido
y huelo
la ola de luz que sube,
la fruta sumergida
en su fragancia,
la noche que respiras,
la sangre que recorre
tu hermosura
hasta llegar al beso
que me espera
en tu boca.

ODA A LA BELLA DESNUDA

Con casto corazón, con ojos
puros,
te celebro, belleza,
reteniendo la sangre
para que surja y siga
la línea, tu contorno,
para
que te acuestes en mi oda
como en tierra de bosques o en espuma:
en aroma terrestre
o en música marina.

Bella desnuda,
igual
tus pies arqueados
por un antiguo golpe
del viento o del sonido
que tus orejas,
caracolas mínimas
del espléndido mar americano.
Iguales son tus pechos
de paralela plenitud, colmados
por la luz de la vida,
iguales son
volando
tus párpados de trigo

que descubren
o cierran
dos países profundos en tus ojos.

La línea que tu espalda
ha dividido
en pálidas regiones
se pierde y surge
en dos tersas mitades
de manzana
y sigue separando
tu hermosura
en dos columnas
de oro quemado, de alabastro fino,
a perderse en tus pies como en dos uvas,
desde donde otra vez arde y se eleva
el árbol doble de tu simetría,
fuego florido, candelabro abierto,
turgente fruta erguida
sobre el pacto del mar y de la tierra.

Tu cuerpo, en qué materia,
ágata, cuarzo, trigo,
se plasmó, fue subiendo
como el pan se levanta
de la temperatura,
y señaló colinas
plateadas,
valles de un solo pétalo, dulzuras
de profundo terciopelo,
hasta quedar cuajada
la fina y firme forma femenina?

No sólo es luz que cae
sobre el mundo
la que alarga en tu cuerpo
su nieve sofocada,
sino que se desprende
de ti la claridad como si fueras
encendida por dentro.

Debajo de tu piel vive la luna.

ODA A TUS MANOS

Yo en un mercado
o en un mar de manos
las tuyas
reconocería
como dos aves blancas,
diferentes
entre todas las aves:
vuelan entre las manos,
migratorias,
navegan en el aire,
transparentes,
pero
vuelven
a tu costado,
a mi costado,
se repliegan, dormidas, en mi pecho.

Diáfanas son delgadas
y desnudas,
lúcidas como
una cristalería,
y andan
como
abanicos
en el aire,
como plumas del cielo.

Al pan también y al agua se parecen,
al trigo, a los países de la luna,
al perfil de la almendra, al pez salvaje
que palpita plateado
en el camino
de los manantiales.
Tus manos van y vienen
trabajando,
lejos, suenan
tocando tenedores,
hacen fuego y de pronto chapotean
en el agua
negra de la cocina,
picotean la máquina aclarando
el matorral de mi caligrafía,
clavan en las paredes,
lavan ropa
y vuelven otra vez a su blancura.
Por algo
se dispuso en la tierra
que durmiera y volara
sobre mi corazón
este milagro.

ODA AL SECRETO AMOR

Tú sabes
que adivinan
el misterio:
me ven,
nos ven,
y nada
se ha dicho,
ni tus ojos,
ni tu voz, ni tu pelo,
ni tu amor han hablado,
y lo saben
de pronto,
sin saberlo
lo saben:
me despido y camino
hacia otro lado
y saben
que me esperas.

Alegre
vivo
y canto
y sueño,
seguro
de mí mismo,
y conocen

de algún modo
que tú eres mi alegría.
Ven
a través del pantalón oscuro
las llaves
de tu puerta,
las llaves
del papel, de la luna
en los jazmines,
del canto en la cascada.
Tú, sin abrir la boca,
desbocada,
tú, cerrando los ojos,
cristalina,
tú, custodiando
entre las hojas negras
una paloma roja,
el vuelo
de un escondido corazón,
y entonces
una sílaba,
una gota
del cielo,
un sonido
suave de sombra y polen
en la oreja,
y todos
lo saben,
amor mío,
circula
entre los hombres,
en las librerías,

junto
a las mujeres,
cerca
del mercado
rueda
el anillo
de nuestro
secreto
amor
secreto.

Déjalo
que se vaya
rodando
por las calles,
que asuste
a los retratos,
a los muros,
que vaya y vuelva
y salga
con las nuevas
legumbres del mercado,
tiene
tierra,
raíces,
y arriba
una amapola:
tu boca:
una amapola.
Todo
nuestro secreto,
nuestra clave,

palabra
oculta,
sombra,
murmullo,
eso
que alguien
dijo
cuando no estábamos presentes,
es sólo una amapola,
una amapola.

Amor,
amor,
amor,
oh flor secreta,
llama
invisible,
clara
quemadura!

TERCER LIBRO DE LAS ODAS
(1955-1957)

ODA A UN CINE DE PUEBLO

Amor mío,
vamos
al cine del pueblito.

La noche transparente
gira
como un molino
mudo, elaborando
estrellas.
Tú y yo entramos
al cine
del pueblo, lleno de niños
y aroma de manzanas.
Son las antiguas cintas,
los
sueños ya gastados.
La pantalla ya tiene
color de piedra o lluvias.
La bella prisionera
del villano
tiene ojos de laguna
y voz de cisne,
corren
los más vertiginosos
caballos
de la tierra.

Los vaqueros
perforan
con sus tiros
la peligrosa luna
de Arizona.
Con el alma
en un hilo
atravesamos
estos
ciclones
de violencia,
la formidable
lucha
de los espadachines en la torre,
certeros como avispas,
la avalancha emplumada
de los indios
abriendo su abanico en la pradera.
Muchos
de los muchachos
del pueblo
se han dormido,
fatigados del día en la farmacia,
cansados de fregar en las cocinas.

Nosotros
no, amor mío.
No vamos a perdernos
este sueño
tampoco:
mientras
estemos

vivos
haremos nuestra
toda
la vida verdadera,
pero también
los sueños:
todos
los sueños
soñaremos.

ODA A LA JARDINERA

Sí, yo sabía que tus manos eran
el alhelí florido, la azucena
de plata:
algo que ver tenías
con el suelo,
con el florecimiento de la tierra,
pero
cuando
te vi cavar, cavar,
apartar piedrecitas
y manejar raíces
supe de pronto,
agricultora mía,
que
no sólo
tus manos
sino tu corazón
eran de tierra,
que allí
estabas
haciendo
cosas tuyas,
tocando
puertas
húmedas
por donde

circulan
las
semillas.

Así, pues,
de una a otra
planta
recién
plantada,
con el rostro
manchado
por un beso
del barro,
ibas
y regresabas
floreciendo,
ibas
y de tu mano
el tallo
de la alstromeria
elevó su elegancia solitaria,
el jazmín
aderezó
la niebla de tu frente
con estrellas de aroma y de rocío.
Todo
de ti crecía
penetrando
en la tierra
y haciéndose
inmediata
luz verde,

follaje y poderío.
Tú le comunicabas
tus semillas,
amada mía,
jardinera roja:
tu mano
se tuteaba
con la tierra
y era instantáneo
el claro crecimiento.

Amor, así también
tu mano
de agua,
tu corazón de tierra,
dieron
fertilidad
y fuerza a mis canciones.

Tocas
mi pecho
mientras duermo
y los árboles brotan
de mi sueño.
Despierto, abro los ojos,
y has plantado
dentro de mí
asombradas estrellas
que suben
con mi canto.

Es así, jardinera:
nuestro amor
es
terrestre:
tu boca es planta de la luz, corola,
mi corazón trabaja en las raíces.

ESTRAVAGARIO
(1957-1958)

PIDO SILENCIO

Ahora me dejen tranquilo.
Ahora se acostumbren sin mí.

Yo voy a cerrar los ojos.

Y sólo quiero cinco cosas,
cinco raíces preferidas.

Una es el amor sin fin.

Lo segundo es ver el otoño.
No puedo ser sin que las hojas
vuelen y vuelvan a la tierra.

Lo tercero es el grave invierno,
la lluvia que amé, la caricia
del fuego en el frío silvestre.

En cuarto lugar el verano
redondo como una sandía.

La quinta cosa son tus ojos,
Matilde mía, bienamada,
no quiero dormir sin tus ojos,
no quiero ser sin que me mires:

yo cambio la primavera
por que tú me sigas mirando.

Amigos, eso es cuanto quiero.
Es casi nada y casi todo.

Ahora si quieren se vayan.

He vivido tanto que un día
tendrán que olvidarme por fuerza,
borrándome de la pizarra:
mi corazón fue interminable.

Pero porque pido silencio
no crean que voy a morirme:
me pasa todo lo contrario:
sucede que voy a vivirme.

Sucede que soy y que sigo.

No será, pues, sino que adentro
de mí crecerán cereales,
primero los granos que rompen
la tierra para ver la luz,
pero la madre tierra es oscura:
y dentro de mí soy oscuro:
soy como un pozo en cuyas aguas
la noche deja sus estrellas
y sigue sola por el campo.

Se trata de que tanto he vivido
que quiero vivir otro tanto.

Nunca me sentí tan sonoro,
nunca he tenido tantos besos.

Ahora, como siempre, es temprano.
Vuela la luz con sus abejas.

Déjenme solo con el día.
Pido permiso para nacer.

CON ELLA

Como es duro este tiempo, espérame:
vamos a vivirlo con ganas.
Dame tu pequeñita mano:
vamos a subir y sufrir,
vamos a sentir y saltar.

Somos de nuevo la pareja
que vivió en lugares hirsutos,
en nidos ásperos de roca.
Como es largo este tiempo, espérame
con una cesta, con tu pala,
con tus zapatos y tu ropa.

Ahora nos necesitamos
no sólo para los claveles,
no sólo para buscar miel:
necesitamos nuestras manos
para lavar y hacer el fuego,
y que se atreva el tiempo duro
a desafiar el infinito
de cuatro manos y cuatro ojos.

AMOR

Tantos días, ay tantos días
viéndote tan firme y tan cerca,
cómo lo pago, con qué pago?

La primavera sanguinaria
de los bosques se despertó,
salen los zorros de sus cuevas,
las serpientes beben rocío,
y yo voy contigo en las hojas,
entre los pinos y el silencio,
y me pregunto si esta dicha
debo pagarla cómo y cuándo.

De todas las cosas que he visto
a ti quiero seguirte viendo,
de todo lo que he tocado,
sólo tu piel quiero ir tocando:
amo tu risa de naranja,
me gustas cuando estás dormida.

Qué voy a hacerle, amor, amada,
no sé cómo quieren los otros,
no sé cómo se amaron antes,
yo vivo viéndote y amándote,
naturalmente enamorado.

Me gustas cada tarde más.

Dónde estará? Voy preguntando
si tus ojos desaparecen.
Cuánto tarda! pienso y me ofendo.
Me siento pobre, tonto y triste,
y llegas y eres una ráfaga
que vuela desde los duraznos.

Por eso te amo y no por eso,
por tantas cosas y tan pocas,
y así debe ser el amor
entrecerrado y general,
particular y pavoroso,
embanderado y enlutado,
florido como las estrellas
y sin medida como un beso.

FINALMENTE, SE DIRIGE CON ARROBAMIENTO
A SU AMADA

Matilde Urrutia, aquí te dejo
lo que tuve y lo que no tuve,
lo que soy y lo que no soy.
Mi amor es un niño que llora,
no quiere salir de tus brazos,
yo te lo dejo para siempre:
eres para mí la más bella.

Eres para mí la más bella,
la más tatuada por el viento,
como un arbolito del sur,
como un avellano en agosto,
eres para mí suculenta
como una panadería,
es de tierra tu corazón
pero tus manos son celestes.

Eres roja y eres picante,
eres blanca y eres salada
como escabeche de cebolla,
eres un piano que ríe
con todas las notas del alma
y sobre mí cae la música
de tus pestañas y tu pelo,
me baño en tu sombra de oro
y me deleitan tus orejas

como si las hubiera visto,
en las mareas de coral:
por tus uñas luché en las olas
contra pescados pavorosos.

De sur a sur se abren tus ojos,
y de este a oeste tu sonrisa,
no se te pueden ver los pies,
y el sol se entretiene estrellando
el amanecer en tu pelo.
Tu cuerpo y tu rostro llegaron
como yo, de regiones duras,
de ceremonias lluviosas,
de antiguas tierras y martirios,
sigue cantando el Bío Bío
en nuestra arcilla ensangrentada,
pero tú trajiste del bosque
todos los secretos perfumes
y esa manera de lucir
un perfil de flecha perdida,
una medalla de guerrero.
Tú fuiste mi vencedora
por el amor y por la tierra,
porque tu boca me traía
antepasados manantiales,
citas en bosques de otra edad,
oscuros tambores mojados:
de pronto oí que me llamaban:
era de lejos y de cuando:
me acerqué al antiguo follaje
y besé mi sangre en tu boca,
corazón mío, mi araucana.

Qué puedo dejarte si tienes,
Matilde Urrutia, en tu contacto
ese aroma de hojas quemadas,
esa fragancia de frutillas
y entre tus dos pechos marinos
el crepúsculo de Cauquenes
y el olor del peumo de Chile?

En el alto otoño del mar
lleno de niebla y cavidades,
la tierra se extiende y respira,
se le caen al mes las hojas.
Y tú inclinada en mi trabajo
con tu pasión y tu paciencia
deletreando las patas verdes,
las telarañas, los insectos
de mi mortal caligrafía,
oh leona de pies pequeñitos,
qué haría sin tus manos breves?
dónde andaría caminando
sin corazón y sin objeto?
en qué lejanos autobuses,
enfermo de fuego o de nieve?

Te debo el otoño marino
con la humedad de las raíces,
y la niebla como una uva,
y el sol silvestre y elegante:
te debo este cajón callado
en que se pierden los dolores
y sólo suben a la frente
las corolas de la alegría.

Todo te lo debo a ti,
tórtola desencadenada,
mi codorniza copetona,
mi jilguero de las montañas,
mi campesina de Coihueco.

Alguna vez si ya no somos,
si ya no vamos ni venimos
bajo siete capas de polvo
y los pies secos de la muerte,
estaremos juntos, amor,
extrañamente confundidos.
Nuestras espinas diferentes,
nuestros ojos maleducados,
nuestros pies que no se encontraban
y nuestros besos indelebles,
todo estará por fin reunido,
pero de qué nos servirá
la unidad en un cementerio?
Que no nos separe la vida
y se vaya al diablo la muerte!

NAVEGACIONES Y REGRESOS
(1957-1959)

ODA A UNA MAÑANA EN STOKHOLMO

Por los días del norte,
amor, nos deslizamos.
Leningrado quedó
nevado, azul, acero
debajo de sus nubes
las columnas, las cúpulas,
el oro viejo, el rosa,
la luz ancha del río,
todo se fue en el viaje,
se quedó atrás llorando.

Se come al mar la tierra?

La tierra al firmamento?

Diviso el cielo blanco
de Stokholmo, el tridente
de una iglesia en las nubes,
ácidas copas verdes
son cúpulas, son senos
de ciudad oxidada,
y lo demás es vago,
noche sin sombra o día
sin luz, cristal opaco.

Amor mío, a estas islas
dispersas en la bruma,
a los acantilados
de nieve y alas negras,
mi corazón te trajo.

Y ahora como naves
silenciosas pasamos,
sin saber dónde fuimos
ni dónde iremos, solos
en un mundo de perlas
e implacables ladrillos.

Apágate hasta ser
sólo nieve o neblina,
clausuremos los ojos,
cerremos los sentidos
hasta salir al sol
a morder las naranjas.

CIEN SONETOS DE AMOR
(1957-1959)

II

Amor, cuántos caminos hasta llegar a un beso,
qué soledad errante hasta tu compañía!
Siguen los trenes solos rodando con la lluvia.
En Taltal no amanece aún la primavera.

Pero tú y yo, amor mío, estamos juntos,
juntos desde la ropa a las raíces,
juntos de otoño, de agua, de caderas,
hasta ser sólo tú, sólo yo juntos.

Pensar que costó tantas piedras que lleva el río,
la desembocadura del agua de Boroa,
pensar que separados por trenes y naciones

tú y yo teníamos que simplemente amarnos,
con todos confundidos, con hombres y mujeres,
con la tierra que implanta y educa los claveles.

XII

Plena mujer, manzana carnal, luna caliente,
espeso aroma de algas, lodo y luz machacados,
qué oscura claridad se abre entre tus columnas?
Qué antigua noche el hombre toca con sus sentidos?

Ay, amar es un viaje con agua y con estrellas,
con aire ahogado y bruscas tempestades de harina:
amar es un combate de relámpagos
y dos cuerpos por una sola miel derrotados.

Beso a beso recorro tu pequeño infinito,
tus imágenes, tus ríos, tus pueblos diminutos,
y el fuego genital transformado en delicia

corre por los delgados caminos de la sangre
hasta precipitarse como un clavel nocturno,
hasta ser y no ser sino un rayo en la sombra.

XXV

Antes de amarte, amor, nada era mío:
vacilé por las calles y las cosas:
nada contaba ni tenía nombre:
el mundo era del aire que esperaba.

Yo conocí salones cenicientos,
túneles habitados por la luna,
hangares crueles que se despedían,
preguntas que insistían en la arena.

Todo estaba vacío, muerto y mudo,
caído, abandonado y decaído,
todo era inalienablemente ajeno,

todo era de los otros y de nadie,
hasta que tu belleza y tu pobreza
llenaron el otoño de regalos.

XXIX

Vienes de la pobreza de las casas del Sur,
de las regiones duras con frío y terremoto
que cuando hasta sus dioses rodaron a la muerte
nos dieron la lección de la vida en la greda.

Eres un caballito de greda negra, un beso
de barro oscuro, amor, amapola, de greda,
paloma del crepúsculo que voló en los caminos,
alcancía con lágrimas de nuestra pobre infancia.

Muchacha, has conservado tu corazón de pobre,
tus pies de pobre acostumbrados a las piedras,
tu boca que no siempre tuvo pan o delicia.

Eres del pobre Sur, de donde viene mi alma:
en su cielo tu madre sigue lavando ropa
con mi madre. Por eso te escogí, compañera.

XXXIX

Pero olvidé que tus manos satisfacían
las raíces regando rosas enmarañadas,
hasta que florecieron tus huellas digitales
en la plenaria paz de la naturaleza.

El azadón y el agua como animales tuyos
te acompañan, mordiendo y lamiendo la tierra,
y es así como, trabajando, desprendes
fecundidad, fogosa frescura de claveles.

Amor y honor de abejas pido para tus manos
que en la tierra confunden su estirpe transparente,
y hasta en mi corazón abren su agricultura,

de tal modo que soy como piedra quemada
que de pronto, contigo, canta, porque recibe
el agua de los bosques por tu voz conducida.

XLIV

Sabrás que no te amo y que te amo
puesto que de dos modos es la vida,
la palabra es un ala del silencio,
el fuego tiene una mitad de frío.

Yo te amo para comenzar a amarte,
para recomenzar el infinito
y para no dejar de amarte nunca:
por eso no te amo todavía.

Te amo y no te amo como si tuviera
en mis manos las llaves de la dicha
y un incierto destino desdichado.

Mi amor tiene dos vidas para amarte.
Por eso te amo cuando no te amo
y por eso te amo cuando te amo.

LVII

Mienten los que dijeron que yo perdí la luna,
los que profetizaron mi porvenir de arena,
aseveraron tantas cosas con lenguas frías:
quisieron prohibir la flor del universo.

«Ya no cantará más el ámbar insurgente
de la sirena, no tiene sino pueblo.»
Y masticaban sus incesantes papeles
patrocinando para mi guitarra el olvido.

Yo les lancé a los ojos las lanzas deslumbrantes
de nuestro amor clavando tu corazón y el mío,
yo reclamé el jazmín que dejaban tus huellas,

yo me perdí de noche sin luz bajo tus párpados
y cuando me envolvió la claridad
nací de nuevo, dueño de mi propia tiniebla.

LXVIII

(Mascarón de proa)

La niña de madera no llegó caminando:
allí de pronto estuvo sentada en los ladrillos,
viejas flores del mar cubrían su cabeza,
su mirada tenía tristeza de raíces.

Allí quedó mirando nuestras vidas abiertas,
al ir y ser y andar y volver por la tierra,
el día destiñendo sus pétalos graduales.
Vigilaba sin vernos la niña de madera.

La niña coronada por las antiguas olas,
allí miraba con sus ojos derrotados:
sabía que vivimos en una red remota

de tiempo y agua y olas y sonidos y lluvia,
sin saber si existimos o si somos su sueño.
Ésta es la historia de la muchacha de madera.

LXXVIII

No tengo nunca más, no tengo siempre. En la arena
la victoria dejó sus pies perdidos.
Soy un hombre dispuesto a amar a sus semejantes.
No sé quién eres. Te amo. No doy, no vendo espinas.

Alguien sabrá tal vez que no tejí coronas
sangrientas, que combatí la burla,
y que en verdad llené la pleamar de mi alma.
Yo pagué la vileza con palomas.

Yo no tengo jamás porque distinto
fui, soy, seré. Y en nombre
de mi cambiante amor proclamo la pureza.

La muerte es sólo piedra del olvido.
Te amo, beso en tu boca la alegría.
Traigamos leña. Haremos fuego en la montaña.

LXXIX

De noche, amada, amarra tu corazón al mío
y que ellos en el sueño derroten las tinieblas
como un doble tambor combatiendo en el bosque
contra el espeso muro de las hojas mojadas.

Nocturna travesía, brasa negra del sueño
interceptando el hilo de las uvas terrestres
con la puntualidad de un tren descabellado
que sombra y piedras frías sin cesar arrastrara.

Por eso, amor, amárrame al movimiento puro,
a la tenacidad que en tu pecho golpea
con las alas de un cisne sumergido,

para que a las preguntas estrelladas del cielo
responda nuestro sueño con una sola llave,
con una sola puerta cerrada por la sombra.

LXXXIX

Cuando yo muera quiero tus manos en mis ojos:
quiero la luz y el trigo de tus manos amadas
pasar una vez más sobre mí su frescura:
sentir la suavidad que cambió mi destino.

Quiero que vivas mientras yo, dormido, te espero,
quiero que tus oídos sigan oyendo el viento,
que huelas el aroma del mar que amamos juntos
y que sigas pisando la arena que pisamos.

Quiero que lo que amo siga vivo
y a ti te amé y canté sobre todas las cosas,
por eso sigue tú floreciendo, florida,

para que alcances todo lo que mi amor te ordena,
para que se pasee mi sombra por tu pelo,
para que así conozcan la razón de mi canto.

XCII

Amor mío, si muero y tú no mueres,
amor mío, si mueres y no muero,
no demos al dolor más territorio:
no hay extensión como la que vivimos.

Polvo en el trigo, arena en las arenas,
el tiempo, el agua errante, el viento vago
nos llevó como grano navegante.
Pudimos no encontrarnos en el tiempo.

Esta pradera en que nos encontramos,
oh pequeño infinito! devolvemos.
Pero este amor, amor, no ha terminado,

y así como no tuvo nacimiento
no tiene muerte, es como un largo río,
sólo cambia de tierras y de labios.

UNA CASA EN LA ARENA
(1956-1966)

AMOR PARA ESTE LIBRO

En estas soledades he sido poderoso
de la misma manera que una herramienta alegre
o como hierba impune que suelta sus espigas
o como un perro que se revuelca en el rocío.
Matilde, el tiempo pasará gastando y encendiendo
otra piel, otras uñas, otros ojos, y entonces
el alga que azotaba nuestras piedras bravías,
la ola que construye, sin cesar, su blancura,
todo tendrá firmeza sin nosotros,
todo estará dispuesto para los nuevos días
que no conocerán nuestro destino.

Qué dejamos aquí sino el grito perdido
del queltehue, en la arena del invierno, en la rach
que nos cortó la cara y nos mantuvo
erguidos en la luz de la pureza,
como en el corazón de una estrella preclara?

Qué dejamos viviendo como un nido
de ásperas aves, vivas, entre los matorrales
o estáticas, encima de los fríos peñascos?
Así pues, si vivir fue sólo anticiparse
a la tierra, a este suelo y su aspereza,
líbrame tú, amor mío, de no cumplir, y ayúdame
a volver a mi puesto bajo la tierra hambrienta.

Pedimos al océano su rosa,
su estrella abierta, su contacto amargo,
y al agobiado, al ser hermano, al herido
dimos la libertad recogida en el viento.
Es tarde ya. Tal vez
sólo fue un largo día color de miel y azul,
tal vez sólo una noche, como el párpado
de una grave mirada que abarcó
la medida del mar que nos rodeaba,
y en este territorio fundamos sólo un beso,
sólo inasible amor que aquí se quedará
vagando entre la espuma del mar y las raíces.

MEMORIAL DE ISLA NEGRA
(1962-1964)

EL SEXO

La puerta en el crepúsculo,
en verano.
Las últimas carretas
de los indios,
una luz indecisa
y el humo
de la selva quemada
que llega hasta las calles
con los aromas rojos,
la ceniza
del incendio distante.

Yo, enlutado,
severo,
ausente,
con pantalones cortos,
piernas flacas,
rodillas
y ojos que buscan
súbitos tesoros,
Rosita y Josefina
al otro lado
de la calle,
llenas de dientes y ojos,
llenas de luz y con voz como pequeñas
guitarras escondidas

que me llaman.
Y yo crucé
la calle, el desvarío,
temeroso,
y apenas
llegué
me susurraron,
me tomaron las manos,
me taparon los ojos
y corrieron conmigo,
con mi inocencia
a la Panadería.

Silencio de mesones, grave
casa del pan, deshabitada,
y allí las dos
y yo su prisionero
en manos de
la primera Rosita,
la última Josefina.
Quisieron
desvestirme,
me fugué, tembloroso,
y no podía
correr, mis piernas
no podían
llevarme. Entonces
las
fascinadoras
produjeron
ante mi vista
un milagro:

un minúsculo
nido
de avecilla salvaje
con cinco huevecitos,
con cinco uvas blancas,
un pequeño racimo
de la vida del bosque,
y yo estiré
la mano,
mientras
trajinaban mi ropa,
me tocaban,
examinaban con sus grandes ojos
su primer hombrecito.

Pasos pesados, toses,
mi padre que llegaba
con extraños,
y corrimos
al fondo y a la sombra
las dos piratas
y yo su prisionero,
amontonados
entre las telarañas, apretados
bajo un mesón, temblando,
mientras el milagro,
el nido
de los huevecitos celestes
cayó y luego los pies de los intrusos
demolieron fragancia y estructura.
Pero, con las dos niñas
en la sombra

y el miedo,
entre el olor de la harina,
los pasos espectrales,
la tarde que se convertía en sombra,
yo sentí que cambiaba
algo
en mi sangre
y que subía a mi boca,
a mis manos,
una eléctrica
flor,
la
flor
hambrienta
y pura
del deseo.

AMORES: TERUSA (II)

Llegan los 4 números del año.
Son como 4 pájaros felices.
Se sientan en un hilo
contra el tiempo desnudo.
Peor, ahora
no cantan.
Devoraron el trigo, combatieron
aquella primavera
y corola a corola no quedó
sino este largo espacio.
Ahora que tú llegas de visita,
antigua amiga, amor, niña invisible,
te ruego que te sientes
otra vez
en la hierba.

Ahora me parece
que cambió tu cabeza.
Por qué
para venir
cubriste con ceniza
la cabellera de carbón valiente
que desplegué en mis manos, en el frío
de las estrellas de Temuco?
En dónde están tus ojos?
Por qué te has puesto esta mirada estrecha

para mirarme si yo soy el mismo?
Dónde dejaste tu cuerpo de oro?
Qué pasó con tus manos entreabiertas
y su fosforescencia de jazmín?

Entra en mi casa, mira el mar conmigo.
Una a una las olas
gastaron
nuestras vidas
y se rompía no sólo la espuma,
sino que las cerezas,
los pies,
los labios
de la edad cristalina.

Adiós, ahora te ruego
que regreses
a tu silla de ámbar
en la luna,
vuelve a la madreselva del balcón,
regresa
a la imagen ardiente,
acomoda tus ojos
a los ojos
aquellos,
lentamente dirígete
al retrato
radiante,
entra en él
hasta el fondo,
en su sonrisa,
y mírame

con su inmovilidad, hasta que yo
vuelva a verte
desde aquél,
desde entonces,
desde el que fui en tu corazón florido.

AMORES: ROSAURA (I)

Rosaura de la rosa, de la hora
diurna, erguida
en la hora resbalante
del crepúsculo pobre, en la ciudad,
cuando brillan las tiendas
y el corazón se ahoga
en su propia región inexplorada
como el viajero perdido,
tarde, en la soledad de los pantanos.

Como un pantano es el amor:
entre número y número
de calle,
allí caímos,
nos atrapó el placer profundo,
se pega el cuerpo al cuerpo,
el pelo al pelo,
la boca al beso,
y en el paroxismo
se sacia la ola hambrienta
y se recogen
las láminas del légamo.

Oh amor de cuerpo a cuerpo,
sin palabras,
y la harina mojada que entrelaza

el frenesí de las palpitaciones,
el ronco ayer del hombre y la mujer,
un golpe en el rosal,
una oscura corola sacudida
vuelca las plumas de la oscuridad,
un circuito fosfórico,
te abrazo,
te condeno,
te muero,
y se aleja el navío del navío
haciendo las últimas señales
en el sueño del mar,
de la marea
que vuelve a su planeta intransigente,
a su preocupación, a la limpieza:
queda la cama
en medio
de la hora infiel,
crepúsculo, azucena vespertina:
ya partieron los náufragos:
allí quedaron las sábanas rotas,
la embarcación
herida,
vamos mirando el río Mapocho:
corre por él mi vida.

Rosaura de mi brazo,
va su vida en el agua,
el tiempo, los tajamares de mampostería,
los puentes donde acuden
todos los pies cansados:
se va la ciudad por el río,

la luz por la corriente,
el corazón de barro
corre corre
corre amor por el tiempo
1923, uno
nueve
dos tres
son números
cada uno en el agua
que corría
de noche
en la sangre del río,
en el barro nocturno,
en las semanas
que cayeron al río
de la ciudad cuando yo recogí
tus manos pálidas:
Rosaura,
las habías olvidado
de tanto que volaban
en el humo:
allí se te olvidaron
en la esquina
de la calle Sazié, o en la plazuela
de Padura, en la picante rosa
del conventillo que nos compartía.

El minúsculo patio
guardó los excrementos
de los gatos errantes
y era una paz de bronce
la que surgía

entre los dos desnudos:
la calma dura de los arrabales:
entre los párpados
nos caía el silencio
como un licor oscuro:
no dormíamos:
nos preparábamos para el amor:
habíamos gastado
el pavimento,
la fatiga,
el deseo,
y allí por fin estábamos
sueltos, sin ropa, sin ir y venir,
y nuestra misión
era
derramarnos,
como si nos llenara demasiado
un silencioso líquido,
un pesado
ácido devorante,
una substancia
que llenaba el perfil de tus caderas,
la sutileza pura de tu boca.

Rosaura,
pasajera
color de agua,
hija de Curicó, donde fallece el día
abrumado
por el peso y la nieve
de la gran cordillera:
tú eras hija

del frío
y antes de consumirte
en los adobes
de muros aplastantes
viniste a mí, a llorar o a nacer,
a quemarte en mi triste poderío
y tal vez no hubo más
fuego en tu vida,
tal vez no fuiste sino entonces.

Encendimos y apagamos el mundo,
tú te quedaste a oscuras:
yo seguí caminando los caminos,
rompiéndome las manos y los ojos,
dejé atrás el crepúsculo,
corté las amapolas vespertinas:
pasó un día que con su noche
procrearon
una nueva semana
y un año se durmió con otro año:
gota a gota
creció el tiempo,
hoja a hoja
el árbol transparente:
la ciudad polvorienta
cambió del agua al oro,
la guerra quemó pájaros y niños
en la Europa agobiada,
de Atacama el desierto
caminó con arena,
fuego y sal,
matando las raíces,

giraron en sus ácidos azules
los pálidos planetas,
tocó la luna un hombre,
cambió el pintor
y no pintó los rostros,
sino los signos y las cicatrices,
y tú qué hacías
sin el agujero
del dolor y el amor?
Y yo qué hacía
entre las hojas de la tierra?

Rosaura, otoño, lejos
luna de miel delgada,
campana taciturna:
entre nosotros dos el mismo río,
el Mapocho que huye
royendo las paredes y las casas,
invitando al olvido
como el tiempo.

AMORES: ROSAURA (II)

Nos dio el amor la única importancia.
La virtud física, el latido
que nace y se propaga,
la continuidad
del cuerpo
con la dicha,
y esa fracción de muerte
que nos iluminó hasta oscurecernos.

Para mí, para ti,
se abrió aquel goce
como la única
rosa
en los sordos arrabales,
en plena juventud raída,
cuando ya todo conspiró
para irnos matando poco a poco,
porque entre instituciones orinadas
por la prostitución y los engaños
no sabías qué hacer:
éramos el amor atolondrado
y la debilidad de la pureza:
todo estaba gastado por el humo,
por el gas negro,
por la enemistad
de los palacios y de los tranvías.

Un siglo entero deshojaba
su esplendor muerto, su
follaje
de cabezas degolladas,
goterones de sangre
caen de las cornisas,
no es la lluvia, no sirven
los paraguas,
se moría el tiempo
y ninguna y ninguno
se encontraron
cuando ya desde el trono los reinantes
habían decretado
la ley letal del hambre
y había que morir,
todo el mundo tenía que morir,
era una obligación,
un compromiso,
estaba escrito así:
entonces encontramos
en la rosa física
el fuego palpitante
y nos usamos
hasta el dolor:
hiriéndonos
vivíamos:
allí se confrontó la vida
con su esencia compacta:
el hombre, la mujer
y la invención del fuego.

Nos escapamos de la maldición
que pesaba
sobre el vacío, sobre la ciudad,
amor contra exterminio
y la verdad
robada
otra vez floreciendo,
mientras en la gran cruz
clavaban el amor,
lo prohibían,
nadie yo, nadie tú,
nadie nosotros,
nos defendimos brasa a brasa,
beso a beso.

Salen hojas recientes,
se pintan de azul las puertas,
hay una nube náyade,
suena un violín bajo el agua:
es así en todas partes:
es el amor victorioso.

RANGOON 1927

En Rangoon era tarde para mí.
Todo lo habían hecho:
una ciudad
de sangre,
sueño y oro.
El río que bajaba
de la selva salvaje
a la ciudad caliente,
a las calles leprosas
en donde un hotel blanco para blancos
y una pagoda de oro para gente dorada
era cuanto
pasaba
y no pasaba.
Rangoon, gradas heridas
por los escupitajos
del betel,
las doncellas birmanas
apretando al desnudo
la seda
como si el fuego acompañase
con lenguas de amaranto
la danza, la suprema
danza:
el baile de los pies hacia el Mercado,
el ballet de las piernas por las calles.

Suprema luz que abrió sobre mi pelo
un globo cenital, entró en mis ojos
y recorrió en mis venas
los últimos rincones de mi cuerpo
hasta otorgarse la soberanía
de un amor desmedido y desterrado.

Fue así, la encontré cerca
de los buques de hierro
junto a las aguas sucias
de Martabán: miraba
buscando hombre:
ella también tenía
color duro de hierro,
su pelo era de hierro,
y el sol pegaba en ella como en una herradura.

Era mi amor que yo no conocía.

Yo me senté a su lado
sin mirarla
porque yo estaba solo
y no buscaba río ni crepúsculo,
no buscaba abanicos,
ni dinero ni luna,
sino mujer, quería
mujer para mis manos y mi pecho,
mujer para mi amor, para mi lecho,
mujer plateada, negra, puta o pura,
carnívora celeste, anaranjada,
no tenía importancia,
la quería para amarla y no amarla,

la quería para plato y cuchara,
la quería de cerca, tan de cerca
que pudiera morderle los dientes con mis besos,
la quería fragante a mujer sola,
la deseaba con olvido ardiente.

Ella tal vez quería
o no quería lo que yo quería,
pero allí en Martabán, junto al agua de hierro,
cuando llegó la noche, que allí sale del río,
como una red repleta de pescados inmensos,
yo y ella caminamos juntos a sumergirnos
en el placer amargo de los desesperados.

AMORES: JOSIE BLISS (I)

Qué fue de la furiosa?
Fue la guerra
quemando
la ciudad dorada
la que la sumergió sin que jamás
ni la amenaza escrita,
ni la blasfemia eléctrica salieran
otra vez a buscarme, a perseguirme
como hace tantos días, allá lejos.
como hace tantas horas
que una por una hicieron
el tiempo y el olvido
hasta por fin tal vez llamarse muerte,
muerte, mala palabra, tierra negra
en la que Josie Bliss
descansará iracunda.

Contaría agregando
a mis años ausentes
arruga tras arruga, que en su rostro
tal vez cayeron por dolores míos:
porque a través del mundo me esperaba.
Yo no llegué jamás, pero en las copas
vacías,
en el comedor muerto
tal vez se consumía mi silencio,

sin más lejanos pasos,
y ella tal vez hasta morir me vio
como detrás del agua,
como si yo nadara hecho de vidrio,
de torpes movimientos,
y no pudiera asirme
y me perdiera
cada día, en la pálida laguna
donde quedó prendida su mirada.
Hasta que ya cerró los ojos
cuándo?
hasta que tiempo y muerte la cubrieron
cuándo?
hasta que odio y amor se la llevaron
dónde?
hasta que ya la que me amó con furia,
con sangre, con venganza,
con jazmines,
no pudo continuar hablando sola,
mirando la laguna de mi ausencia.

Ahora tal vez
reposa y no reposa
en el gran cementerio de Rangoon.
O tal vez a la orilla
del Irrawadhy quemaron su cuerpo
toda una tarde, mientras
el río murmuraba
lo que llorando yo le hubiera dicho.

AMORES: JOSIE BLISS (II)

Sí, pero aquellos días
vana es la rosa: nada
creció
sino una lengua roja:
el fuego que bajaba
del verano insepulto,
el sol de siempre.

Yo me fugué de la deshabitada.
Huí como inasible marinero,
ascendí por el Golfo de Bengala
hasta las casas sucias de la orilla
y me perdí
de corazón y sombra.

Pero no bastó el mar inapelable:

Josie Bliss me alcanzó revolviendo
mi amor y su martirio.

Lanzas de ayer, espadas del pasado!

—Soy culpable, le dije
a la luciérnaga.

Y me envolvió la noche.

Quise decir que yo también
sufrí:
no es bastante:
el que hiere es herido hasta morir.

Y ésta es la historia, se escribió en la arena,
en el advenimiento de la sombra.

No es verdad! No es verdad!

También era la hora
de los dioses
—de mazapán, de luna,
de hierro, de rocío—,
dioses sangrientos cuya derramada
demencia
llenaba como el humo
las cúpulas del reino,
sí,
existía el aire
espeso, el fulgor
de los desnudos,
ay,
el olor de nardo que cerraba
mi razón con el peso del aroma
como si me encerraran en un pozo
de donde no salí para gritar,
sino para ahogarme.

Ay de mí, aquellos muros
que royeron
la humedad y el calor hasta dejarlos

como la piel partida del lagarto,
sí,
sí,
todo esto y más: la muchedumbre
abierta
por la violencia de un turbante, por
aquellos paroxismos de turquesa
de las mujeres que se desgranaban
ardiendo entre sotanas de azafrán.

Otras veces la lluvia
cayó sobre la tímida comarca:
cayó tan lenta como las medusas
sobre niños, mercados y pagodas:
era otra lluvia,
el cielo fijo
clavado como un grave vidrio opaco
a una ventana muerta
y esperábamos,
los pobres y los ricos,
los dioses,
los sacerdotes y los usureros,
los cazadores de iguanas,
los tigres que bajaban
de Assam,
hambrientos y pletóricos
de sangre:
todos
esperábamos:
sudaba el cielo del Este,
se cerraba la tierra:
no pasaba nada,

tal vez adentro
de aquellos dioses
germinaba y nacía
una vez más
el tiempo:
se ordenaba el destino:
parían los planetas.
Pero el silencio sólo recogía
plumas mojadas,
lento sudor celeste,
y de tanto esperar lloraba el mundo
hasta que un trueno
despertaba la lluvia,
la verdadera lluvia,
y entonces se desnudaba el agua
y era
sobre la tierra
el baile del cristal, los pies del cielo,
las ceremonias del viento.

Llovía como llueve Dios,
como cae el océano,
como el tambor de la batalla,
llovía el monzón verde
con ojos y con manos,
con abismos,
con nuevas cataratas
que se abrían
sobre los cocoteros y las cúpulas,
en tu cara, en tu piel, en tus recuerdos,
llovía como si saliera la lluvia
por vez primera de su jaula

y golpeaba las puertas
del mundo: Ábranme! Ábranme!
y se abría
no sólo el mundo, sino
el espacio,
el misterio,
la verdad,
todo se resolvía
en harina celeste
y la fecundación se derramaba
contra la soledad de la espesura.

Así era el mundo y ella siguió sola.

Ayer! Ayer!

Tus ojos aguerridos,
tus pies desnudos
dibujando un rayo,
tu rencor de puñal, tu beso duro,
como los frutos del desfiladero,
ayer, ayer
viviendo
en el ruido del fuego,
furiosa mía,
paloma de la hoguera,
hoy aún sin mi ausencia, sin sepulcro,
tal vez, abandonada de la muerte,
abandonada de mi amor, allí
donde el viento monzón y sus tambores
redoblan sordamente y ya no pueden
buscarme tus caderas extinguidas.

AMORES: DELIA (I)

Delia es la luz de la ventana abierta
a la verdad, al árbol de la miel,
y pasó el tiempo sin que yo supiera
si quedó de los años malheridos
sólo su resplandor de inteligencia,
la suavidad de la que acompañó
la dura habitación de mis dolores.

Porque a juzgar por lo que yo recuerdo
donde las siete espadas se clavaron
en mí, buscando sangre,
y me brotó del corazón la ausencia,
allí, Delia, la luna luminosa
de tu razón apartó los dolores.

Tú, del país extenso
a mí llegabas
con corazón extenso, difundido
como dorado cereal, abierto
a las transmigraciones de la harina,
y no hay ternura como la que cae
como cae la lluvia en la pradera:
lentas llegan las gotas, las recibe
el espacio, el estiércol, el silencio
y el despertar de la ganadería
que muge en la humedad bajo el violín

del cielo.
Desde allí,
como el aroma que dejó la rosa
en traje de luto y en invierno,
así de pronto te reconocí
como si siempre hubieras sido mía
sin ser, sin más que aquel desnudo
vestigio o sombra clara
de pétalo o espada luminosa.

La guerra llegó entonces:
tú y yo la recibimos a la puerta:
parecía una virgen transitoria
que cantaba muriendo
y parecía hermoso
el humo, el estampido
de la pólvora azul sobre la nieve,
pero de pronto
nuestras ventanas rotas,
la metralla
entre los libros,
la sangre fresca
en charcas por las calles:
la guerra no es sonrisa,
se dormían los himnos,
vibraba el suelo al paso
pesado del soldado,
la muerte desgranaba
espiga tras espiga:
no volvió nuestro amigo,
fue amarga sin llorar
aquella hora,

luego, luego las lágrimas,
porque el honor lloraba,
tal vez en la derrota
no sabíamos
que se abría la más inmensa fosa
y en tierra caerían
naciones y ciudades.
Aquella edad son nuestras cicatrices.
Guardamos la tristeza y las cenizas.

Ya vienen
por la puerta
de Madrid
los moros,
entra Franco en su carro de esqueletos,
nuestros amigos
muertos, desterrados.

Delia, entre tantas hojas
del árbol de la vida,
tu presencia
en el fuego,
tu virtud
de rocío:
en el viento iracundo
una paloma.

AMORES: DELIA (II)

Las gentes se acallaron y durmieron
como cada uno era y será:
tal vez en ti no nacía el rencor,
porque está escrito en donde no se lee
que el amor extinguido no es la muerte
sino una forma amarga de nacer.

Perdón para mi corazón en donde
habita el gran rumor de las abejas:
yo sé que tú, como todos los seres,
la miel excelsa tocas
y desprendes
de la piedra lunar, del firmamento,
tu propia estrella,
y cristalina eres entre todas.

Yo no desprecio, no desdeño, soy
tesorero del mar, escucho apenas
las palabras del daño
y reconstruyo
mi habitación, mi ciencia, mi alegría,
y si pude agregarte la tristeza
de mis ojos ausentes, no fue mía
la razón ni tampoco la locura:
amé otra vez y levantó el amor
una ola en mi vida y fui llenado

por el amor, sólo por el amor,
sin destinar a nadie la desdicha.

Por eso, pasajera
suavísima,
hilo de acero y miel que ató mis manos
en los años sonoros,
existes tú no como enredadera
en el árbol sino con tu verdad.

Pasaré, pasaremos,
dice el agua
y canta la verdad contra la piedra,
el cauce se derrama y se desvía,
crecen las hierbas locas
a la orilla:
pasaré, pasaremos,
dice la noche al día,
el mes al año,
el tiempo
impone rectitud al testimonio
de los que pierden y de los que ganan,
pero incansablemente crece el árbol
y muere el árbol y a la vida acude
otro germen y todo continúa.
Y no es la adversidad la que separa
los seres, sino
el crecimiento,
nunca ha muerto una flor: sigue naciendo.

Por eso aunque perdóname
y perdono

y él es culpable y ella
y van y vienen
las lenguas amarradas
a la perplejidad y a la impudicia,
la verdad
es
que todo ha florecido
y no conoce el sol las cicatrices.

LA BARCAROLA
(1964-1967)

TE AMO

Amante, te amo y me amas y te amo:
son cortos los días, los meses, la lluvia, los trenes:
son altas las casas, los árboles y somos más altos:
se acerca en la arena la espuma que quiere besarte:
transmigran las aves de los archipiélagos
y crecen en mi corazón tus raíces de trigo.

No hay duda, amor mío, que la tempestad de septiembre
cayó con su hierro oxidado sobre tu cabeza
y cuando, entre rachas de espinas te vi caminando indefensa,
tomé tu guitarra de ámbar, me puse a tu lado,
sintiendo que yo no podía cantar sin tu boca,
que yo me moría si no me mirabas llorando en la lluvia.

Por qué los quebrantos de amor a la orilla del río,
por qué la cantata que en pleno crepúsculo ardía en mi
                                                    [sombra,
por qué se encerraron en ti, chillaneja fragante,
y restituyeron el don y el aroma que necesitaba
mi traje gastado por tantas batallas de invierno?

LOS VERSOS DEL CAPITÁN

Oh dolor que envolvieron relámpagos y fueron guardándose
en los versos aquellos, fugaces y duros, floridos y amargos,
en que un Capitán cuyos ojos esconde una máscara negra
te ama, oh amor, arrancándose con manos heridas
las llamas que queman, las lanzas de sangre y suplicio.
Pero luego un panal substituye a la piedra del muro arañado:
frente a frente, de pronto sentimos la impura miseria
de dar a los otros la miel que buscábamos por agua y por
                                    [fuego,
por tierra y por luna, por aire y por hierro, por sangre y por ira:
entonces al fondo de tú y al fondo de yo descubrimos que
                                    [estábamos ciegos
adentro de un pozo que ardía con nuestras tinieblas.

LOS AMANTES DE CAPRI

La isla sostiene en su centro el alma como una moneda
que el tiempo y el viento limpiaron dejándola pura
como almendra intacta y agreste cortada en la piel del zafiro
y allí nuestro amor fue la torre invisible que tiembla en el
                                                    [humo,
el orbe vacío detuvo su cola estrellada y la red con los peces del
                                                    [cielo
porque los amantes de Capri cerraron los ojos y un ronco
              [relámpago clavó en el silbante circuito marino
al miedo que huyó desangrándose y herido de muerte
como la amenaza de un pez espantoso por súbito arpón
                                                    [derrotado:
y luego en la miel oceánica navega la estatua de proa,
desnuda, enlazada por el incitante ciclón masculino.

TÚ ENTRE LOS QUE PARECÍAN EXTRAÑOS

Tú, clara y oscura, Matilde morena y dorada,
parecida al trigo y al vino y al pan de la patria,
allí en los caminos abiertos por reinos después devorados,
hacía cantar tus caderas y te parecías, antigua y terrestre
                                                    [araucana,
al ánfora pura que ardió con el vino en aquella comarca
y te conocía el aceite insigne de las cacerolas
y las amapolas creciendo en el polen de antiguos arados
te reconocían y se balanceaban
bailando en tus pies rumorosos.
Porque son los misterios del pueblo ser uno y ser todos
e igual es tu madre campestre que yace en las gredas de Ñuble
a la ráfaga etrusca que mueve las trenzas tirrenas
y tú eres un cántaro negro de Quinchamalí o de Pompeya
erigido por manos profundas que no tienen nombre:
por eso al besarte, amor mío, y apretar con mis labios tu boca,
en tu boca me diste la sombra y la música del barro terrestre.

EL AMOR

Te amé sin por qué, sin de dónde, te amé sin mirar, sin medida,
y yo no sabía que oía la voz de la férrea distancia,
el eco llamando a la greda que canta por las cordilleras,
yo no suponía, chilena, que tú eras mis propias raíces,
yo sin saber cómo entre idiomas ajenos leí el alfabeto
que tus pies menudos dejaban andando en la arena
y tú sin tocarme acudías al centro del bosque invisible
a marcar el árbol de cuya corteza volaba el aroma perdido.

RESURRECCIONES

Amiga, es tu beso el que canta como una campana en el agua
de la catedral sumergida por cuyas ventanas
entraban los peces sin ojos, las algas viciosas,
abajo en el lodo del lago Llanquihue que adora la nieve,
tu beso despierta el sonido y propaga a la islas del viento
una incubación de nenúfar y sol submarino.
Así del letargo creció la corriente que nombra las cosas:
tu amor sacudió los metales que hundió la catástrofe:
tu amor amasó las palabras, dispuso el color de la arena,
y se levantó en el abismo la torre terrestre y celeste.

EL CANTO

La torre del pan, la estructura que el arca construye en la altura
con la melodía elevando su fértil firmeza
y el pétalo duro del canto creciendo en la rosa,
así tu presencia y tu ausencia y el peso de tu cabellera,
el fresco calor de tu cuerpo de avena en la cama,
la piel victoriosa que tu primavera dispuso al costado
de mi corazón que golpeaba en la piedra del muro,
el firme contacto de trigo y de oro de tus asoleadas caderas,
tu voz derramando dulzura salvaje como una cascada,
tu boca que amó la presión de mis besos tardíos,
fue como si el día y la noche cortaran su nudo mostrando
                                        [entreabierta
la puerta que une y separa a la luz de la sombra
y por la abertura asomara el distante dominio
que el hombre buscaba picando la piedra, la sombra, el vacío.

PODERES

Tal vez el amor restituye un cristal quebrantado en el fondo
del ser, una sal esparcida y perdida
y aparece entre sangre y silencio como la criatura
el poder que no impera sino adentro del goce y del alma
y así en este equilibrio podría fundarse una abeja
o encerrar las conquistas de todos los tiempos en una amapola,
porque así de infinito es no amar y esperar a la orilla de un río
                                                    [redondo
y así son transmutados los vínculos en el mínimo reino recién
                                                    [descubierto.

LA CHASCONA

La piedra y los clavos, la tabla, la teja se unieron: he aquí
[levantada
la casa chascona con agua que corre escribiendo en su idioma,
las zarzas guardaban el sitio con su sanguinario ramaje
hasta que la escala y sus muros supieron tu nombre
y la flor encrespada, la vid y su alado zarcillo,
las hojas de higuera que como estandartes de razas remotas
cernían sus alas oscuras sobre tu cabeza,
el muro de azul victorioso, el ónix abstracto del suelo,
tus ojos, mis ojos, están derramados en roca y madera
por todos los sitios, los días febriles, la paz que construye
y sigue ordenada la casa con tu transparencia.

Mi casa, tu casa, tu sueño en mis ojos, tu sangre siguiendo el
[camino del cuerpo que duerme
como una paloma cerrada en sus alas inmóvil persigue su vuelo
y el tiempo recoge en su copa tu sueño y el mío
en la casa que apenas nació de las manos despiertas.

La noche encontrada por fin en la nave que tú construimos,
la paz de madera olorosa que sigue con pájaros,
que sigue el susurro del viento perdido en las hojas
y de las raíces que comen la paz suculenta del humus
mientras sobreviene sobre mí dormida la luna del agua
como una paloma del bosque del Sur que dirige el dominio
del cielo, del aire, del viento sombrío que te pertenece,

dormida, durmiendo en la casa que hicieron tus manos,
delgada en el sueño, en el germen del humus nocturno
y multiplicada en la sombra como el crecimiento del trigo.

Dorada, la tierra te dio la armadura del trigo,
el color que los hornos cocieron con barro y delicia,
la piel que no es blanca ni es negra ni roja ni verde,
que tiene el color de la arena, del pan, de la lluvia,
del sol, de la pura madera, del viento,
tu carne color de campana, color de alimento fragante,
tu carne que forma la nave y encierra la ola!

De tantas delgadas estrellas que mi alma recoge en la noche
recibo el rocío que el día convierte en ceniza
y bebo la copa de estrellas difuntas llorando las lágrimas
de todos los hombres, de los prisioneros, de los carceleros,
y todas las manos me buscan mostrando una llaga,
mostrando el dolor, el suplicio o la brusca esperanza,
y así sin que el cielo y la tierra me dejen tranquilo,
así consumido por otros dolores que cambian de rostro,
recibo en el sol y en el día la estatua de tu claridad
y en la sombra, en la luna, en el sueño, el racimo del reino,
el contacto que induce a mi sangre a cantar en la muerte.

La miel, bienamada, la ilustre dulzura del viaje completo
y aún, entre largos caminos, fundamos en Valparaíso una torre,
por más que en tus pies encontré mis raíces perdidas
tú y yo mantuvimos abierta la puerta del mar insepulto
y así destinamos a La Sebastiana el deber de llamar los navíos
y ver bajo el humo del puerto la rosa incitante,
el camino cortado en el agua por el hombre y sus mercaderías.

Pero azul y rosado, roído y amargo entreabierto entre sus
[telarañas,
he aquí, sosteniéndose en hilos, en uñas, en enredaderas,
he aquí, victorioso, harapiento, color de campana y de miel,
he aquí, bermellón y amarillo, purpúreo, plateado, violeta,
sombrío y alegre, secreto y abierto como una sandía
el puerto y la puerta de Chile; el manto radiante de Valparaíso,
el sonoro estupor de la lluvia en los cerros cargados de
[padecimientos,
el sol resbalando en la oscura mirada, en los ojos más bellos del
[mundo.
Yo te convidé a la alegría de un puerto agarrado a la furia del
[alto oleaje,
metido en el frío del último océano, viviendo en peligro,
hermosa es la nave sombría, la luz vesperal de los meses
[antárticos,
la nave de techo amaranto, el puñado de velas o casas o vidas
[que aquí se vistieron con trajes de honor y banderas
y se sostuvieron cayéndose en el terremoto que abría y cerraba
[el infierno,
tomándose al fin de la mano los hombres, los muros, las cosas,
unidos y desvencijados en el estertor planetario.

Cada hombre contó con sus manos los bienes funestos, el río
de sus extensiones, su espada, su rienda, su ganadería,
y dijo a la esposa: «Defiende tu páramo ardiente o tu campo de
[nieve»
o «Cuida la vaca, los viejos telares, la sierra o el oro».

Muy bien, bienamada, es la ley de los siglos que fueron
[atándose
adentro del hombre, en un hilo que ataba también sus cabezas:

el príncipe echaba las redes con el sacerdote enlutado,
y mientras los dioses callaban, caían al cofre monedas
que allí acumularon la ira y la sangre del hombre desnudo.

Por eso, erigida la base y bendita por cuervos oscuros
subió el interés y dispuso en el zócalo su pie mercenario,
después a la Estatua impusieron medallas y música,
periódicos, radios y televisores cantaron la loa del Santo
                                                    [Dinero,
y así hasta el probable, hasta el que no pudo ser hombre,
el manumitido, el desnudo y hambriento, el pastor lacerado,
el empleado nocturno que roe en tinieblas su pan disputado a
                                                    [las ratas,
creyeron que aquel era Dios, defendieron el Arca suprema
y sepultaron en el humillado individuo, ahítos de orgullo
                                                    [prestado.

LOS INVULNERABLES

Tu mano en mis labios, la seguridad de tu rostro,
el día del mar en la nave cerrando un circuito
de gran lontananza cruzada por aves perdidas,
oh amor, amor mío, con qué pagaré, pagaremos la espiga
                                              [dichosa,
los ramos de gloria secreta, el amor de tu beso en mis besos,
el tambor que anunció al enemigo mi larga victoria,
el callado homenaje del vino en la mesa y el pan merecido
por la honestidad de tus ojos y la utilidad de mi oficio
                                              [indeleble:
a quién pagaremos la dicha, en qué nido de espinas
esperan los hijos cobardes de la alevosía,
en qué esquina sin sombra y sin agua las ratas peludas del odio
esperan con baba y cuchillo la deuda que cobran al mundo?

Guardamos tú y yo la florida mansión que la ola estremece
y en el aire, en la nave, en la luz del conflicto terrestre,
la firmeza de mi alma elevó su estrellada estructura
y tú defendiste la paz del racimo incitante.
Está claro, al igual que los cauces de la cordillera trepidan
abriéndose paso sin tregua y sin tregua cantando,
que no dispusimos más armas que aquellas que el agua dispuso
en la serenata que baja rompiendo la roca,
y puros en la intransigencia de la catarata inocente
cubrimos de espuma y silencio el cubil venenoso

sin más interés que la aurora y el pan,
sin más interés que tus ojos oscuros abiertos en mi alma.

Oh dulce, oh sombría, oh lluviosa y soleada pasión de estos
[años,
arqueado tu cuerpo de abeja en mis brazos marinos,
sentimos caer el acíbar del desmesurado, sin miedo,
con una naranja en la copa del vino de otoño.

Es ahora la hora y ayer es la hora y mañana es la hora:
mostremos saliendo al mercado la dicha implacable
y déjame oír que tus pasos que traen la cesta de pan y perdices
suenan entreabriendo el espejo del tiempo distante y presente
como si llevaras en vez del canasto selvático
mi vida, tu vida: el laurel con sus hojas agudas y la miel de los
[invulnerables.

ISLA

Amor mío, en la Isla Saint-Louis se ha escondido el otoño
como un oso de circo, sonámbulo, coronado por los cascabeles
que caen del plátano, encima del río, llorando:
ha cruzado el crepúsculo el Puente del Arzobispado,
en puntillas, detrás de la iglesia que muestra sus graves
                                                    [costillas,
y tú y yo regresamos de un día que no tuvo nada
sino este dolor y este amor dispersado en las calles,
el amor de París ataviado como una estación cenicienta,
el dolor de París con su cinta de llanto enrollada a su insigne
                                                    [cintura
y esta noche, cerrando los ojos, guardaremos un día como una
                                                    [moneda
que ya no se acepta en la tienda, que brilló y consumó su
                                                    [tesoro:
tendidos, caídos al sueño, siguiendo el inmóvil camino,
con un día de más o de menos que agregó a su vestuario
un fulgor de oro inútil que, sin duda, o tal vez, es la vida.

AMOR

Dónde estás, oh paloma marina que bajo mis besos caíste
herida y salvaje en la trémula hierba del Sur transparente
allí donde mueve sus rayos glaciales mi soberanía,
muchacha campestre, amasada con barro y con trigo,
amante que al mar galopando robé con puñal, oh sirena,
y al volcán desafié para amarte trayendo sobre la montura
tus crines que el fuego tiñó elaborando su llama cobriza.

Amada, es tu sombra como la frescura que deja el racimo
sobre la amarilla campana del vasto verano
y es el sumergido calor de tu abrazo en mi cuerpo
la respuesta al rayo y al escalofrío de oro que yo precipito.
Porque dos nupciales con una cereza, con un solo río,
y una sola cama y una sola luna que el viento derriba sobre la
[pradera,
son dos claridades que funden sobre sus cabezas el arco del día
y estrellan la noche con los minerales de su desamparo,
con el desamparo del amor desnudo que rompe una rosa y
[construye una rosa,
y construye una rosa que vive, palpita, perece y renace,
porque ésa es la ley del amor y no sabe mi boca
sino hablar sin hablar con tu boca en el fin y el comienzo de
[todo,
amorosa, mi amor, mi mujer acostada en el trigo,
en las eras de marzo, en el barro de la Araucanía.

AMOR

Oh, amor, oh victoria de tu cabellera agregando a mi vida
la velocidad de la música que se electrizó en la tormenta
y fuera del ámbito puro que se desarrolla quemando
aquellas raíces cubiertas por la polvareda del tiempo
contigo, amorosa, vivieron el día de lluvia remota
y mi corazón recibió tu latido latiendo.

SOLO DE SOL

Hoy, este momento, este hoy destapado, aquí afuera,
la dicha ofrecida al espacio como una campana,
el contacto del sol con mi meditación y tu frente
en las redes rotundas que alzó el mediodía
con el sol como un pez palpitando en el cielo.

Bienamada, este lejos está hecho de espigas y ortigas:
trabajó la distancia el cordel del rencor y el amor
hasta que sacudieron la nave los perros babosos del odio
y entregamos al mar otra vez la victoria y la fuga.

Borra el aire, amor mío, violento, la inicial del dolor en la
                                                    [tierra,
al pasar reconoce tus ojos y tocó tu mirada de nuevo
y parece que el viento de abril contra nuestra arrogancia
se va sin volver y sin irse jamás: es el mismo:
es el mismo que abrió la mirada total del cristal de este día,
derramó en el rectángulo un racimo de abejas
y creó en el zafiro la multiplicación de las rosas.

Bienamada, nuestro amor, que buscó la intemperie, navega
en la luz conquistada, en el vértice de los desafíos,
y no hay sombra arrastrándose desde los dormitorios del
                                                    [mundo
que cubra esta espada clavada en la espuma del cielo.

Oh, agua y tierra eres tú, sortilegio de relojería,
convención de la torre marina con la greda de mi territorio!

Bienamada, la dicha, el color del amor, la estatua del Sur en la
                                                    [lluvia,
el espacio por ti reunido para satisfacción de mis besos,
la grandiosa ola fría que rompe su pompa encendida por el
                                                    [amaranto,
y yo, oscurecido por tu resplandor cereal,
oh amor, mediodía de sal transparente, Matilde en el viento,
tenemos la forma de fruta que la primavera elabora
y persistiremos en nuestros deberes profundos.

SANTOS REVISITADO (III)

Cuando tú hacemos, cuando yo hacemos el viaje del amor,
amor, Matilde, el mar o tu boca redonda
son, somos la hora que desprendió el entonces,
y cada día corre buscando aniversario.

IDA Y VUELTA

Celebro el mensaje indirecto y la copa de tu transparencia
(cuando en Valparaíso encontraste mis ojos perdidos)
porque yo a la distancia cerré la mirada buscándote, amada,
y me despedí de mí mismo dejándote sola.

Un día, un caballo que cruza el camino del tiempo, una
                                                    [hoguera
que deja en la arena carbones nocturnos como quemaduras
y desvencijado, sin ver ni saber, prisionero en mi corta
                                                    [desdicha,
espero que vuelvas apenas partida de nuestras arenas.

Celebro esos pasos que no divisé entre tus pasos delgados,
la harina incitante que tú despertaste en las panaderías
y en aquella gota de lluvia que me dedicabas
hallé, al recogerla en la costa, tu rostro encerrado en el agua.

No debo bajar a las dunas ni ver el enjambre de la pesquería,
no tengo por qué avizorar las ballenas que atrae el otoño a
                                                    [Quintay
desde sus espaciosas moradas y procreaciones antárticas:
la naturaleza no puede mentir a sus hijos y espero:
espera, te espero. Y si llegas, la sombra pondrá en su
                                                    [hemisferio
una claridad de violetas que no conocía la noche.

LOS OFRECIMIENTOS

Desde hoy te proclamo estival, hija de oro, tristeza,
lo que quiera tu ser diminuto del ancho universo.

Bienamada, te doy o te niego, en la copa del mundo:
aun lo que explora la larva en su túnel estrecho
o lo que descifra el astrónomo en la paz parabólica
o aquella república de tristes estatuas que lloran al lado del mar
o el peso nupcial de la abeja cargada de oro oloroso
o la colección de las hojas de todo el otoño en los bosques
o un hilo del agua en la piedra que hay en mi país natalicio
o un saco de trigo arrastrado por cuatro ladrones hambrientos
o un trono de mimbre tejido por las elegantes arañas de Angol
o un par de zapatos cortados en piedra de luna
o un huevo nacido de cóndor de las cordilleras de Chile
o siete semillas de hierba fragante crecida a la orilla del río
                                                    [Ralún
o la flor especial que se abre en las nubes a causa del humo
o el rito de los araucanos con un caballito de palo en la selva
o aquel tren que perdí en California y encontré en el desierto
                                                    [de Gobi
o el ala del ave relámpago en cuya ancestral cacería
anduve perdido en el Sur y olvidado por todo un invierno
o el lápiz marino capaz de escribir en las olas
y lo que tú quieras y lo que no quieras te doy y te niego
porque las palabras estallan abriendo el castillo, y cerramos los
                                                    [ojos.

240

LA ESPADA ENCENDIDA
(1969-1970)

LA VIRGEN

Ella le dijo: Fui piedra de oro
de la ciudad de oro, fui madera
de la virginidad y fui rocío.
Fui la más escondida de la ciudad secreta,
fui la zorra selvática o la liebre relámpago.
Aquí estoy más inmóvil que el muro de metal
sostenida por una enredadera o amor,
levantada, arrastrada, combatida
por la ola que crece desde tus manos de hombre.

Cuando hacías el mundo me llamaste
a ser mujer, y acudí
con los nuevos sentidos que entonces me nacieron.

Yo no sabía que tenía sangre.

Y fui mujer desde que me tocaste
y me hiciste crecer como si tú me hubieras
hecho nacer, porque de dónde
sino de ti salieron mis pestañas,
nacidas de tus ojos, y mis senos
de tus manos hambrientas, y mi cuerpo
que por primera vez se encendió hasta incendiarme?
Y mi voz no venía de tu boca?

No era yo el agua de tu propio silencio
que se iba llenando de hojas muertas del bosque?

No era yo ese fragmento de corteza que cae
del árbol y que pierde, condenado
a una unidad perdida, su solitario aroma?

O Rhodo, abrázame hasta consumirme,
bajo el follaje de los bosques oscuros!

Es tu amor como un trueno subterráneo
y ya no sé si comenzamos el mundo
o si vivimos el final del tiempo.

Bésame hasta el dolor y hasta morirme.

LA CADENA

No hablaban sino para desearse en un grito,
no andaban sino para acercarse y caer,
no tocaban sino la piel de cada uno,
no mordían sino sus mutuas bocas,
no miraban sino sus propios ojos,
no quemaban carbón sino sus venas,
y mientras tanto el reino despiadado temblaba,
crecía la crueldad del viento patagónico,
rodaban las manzanas crueles del ventisquero.

No había nada para los amantes.
Estaban presos de su paroxismo
y estaban presos en su propio Edén.

De cada paso hacia la soledad
habían regresado con cadenas.

Todos los frutos eran prohibidos
y ellos lo habían devorado todo,
hasta las flores de su propia sangre.

RHODO HABLA

Él le dijo: He caído
en tu insondable transparencia. Veo
alrededor de mí, como en el agua,
debajo de un cristal, otro cristal.

Y me ahogo en un pozo cristalino.

Por qué has venido y de dónde has venido?
No puedes ahora volver a la ceniza
de la ciudad de oro? Adónde voy sin ti
y adónde voy si se termina el mundo?

Si tu reposo no me da reposo
qué haré yo con el fuego de Dios?

Si no saldrán mis hijos de tu cintura clara
qué dicha otorgaremos a la tierra?

Yo, Rhodo, destruí el camino
para no regresar. Busqué y amé
la paz deshabitada y la llené
de castillos, de amor imaginario,
hasta que tú, Eva de carne y hueso,
Rosía terrenal, rosa nutricia,
desnuda, incierta, sola, apareciste

y sin llamarte, entró tu escondida hermosura
en mi cama salvaje.
                    Yo reniego
de ti, vuelve a tu ciudad muerta,
regresa a tu quemado poderío!

Y continuó Rhodo: No separes
tu cuerpo del mío, ni un minuto.
Vive entre mis dos ojos, cabalga
mi nariz, deja que duerma
tu pelo entre mis piernas, deja enredados
tus dedos para siempre en mi deseo,
y que tu vientre ondule bajo el mío
hasta que el fuego de la sangre baje
hasta tus pies, encadenada mía.

HABLA ROSÍA

Ella, Rosía, suave y salvaje, dice
dirigiéndose a Rhodo, sin palabras:

Nací de tu estallido.
De un relámpago tuyo vine al mundo.
Mi cabellera era la noche,
la confusión, la soledad, la selva
que no me pertenece. Oh varón mío,
ancha es tu sombra y es tu sol penetrante
el que me reveló desde los pies
hasta mi frente, la pequeña luna
que te aguardaba, amor, descubridor de mi alma.

No eres tú gran espejo, Rhodo, en que yo me miro
y por primera vez yo sé quién soy?
No una rama de espinas peligrosas
ni una gota de sangre levantada en la espina,
sino un árbol entero con frutos descubiertos.

Cuando tú, primer hombre, descansaste una mano
sobre mi vientre, y cuando
tus labios conocieron mis pezones
dejé de ser la gota de sangre abandonada,
o la rama espinosa caída en el camino:
se levantó el follaje de mi cuerpo
y recorrió la música mi sangre.

SIGUE HABLANDO ROSÍA

Y continuó Rosía: Me vi clara,
me vi verde, en el agua del espejo
y supe que era ancha como la tierra para
recibirte, varón, terrestre mío.
Como un espejo tú reflejabas la tierra
con la extensión de tantos terrenos y dolores
que no me fatigué de mirarme en tus ojos
y viajé por tus grandes venas navegatorias.

Oh extenso amor, te traje la fragancia
de una ciudad quemada, y la dulzura
de la sobreviviente, de la que no encontró
a nadie en la espesura de un mundo clausurado
y errante anduvo, sola con mi herencia
de pesada pureza, de sagrada ceniza.

Quién me diría que se terminaba
el mundo y comenzaba con nosotros
otra vez el castigo del amor, el racimo
de la ira derribado por el conocimiento?

HABLA RHODO

Dice Rhodo: «Tal vez somos dos árboles
encastillados a golpes de viento,
fortificados por la soledad.
Tal vez aquí debimos
crecer hacia la tierra,
sumergir el amor en el agua escondida,
buscar la última profundidad
hasta enterrarnos en mi beso oscuro.
Y que nos condujeran las raíces».

Pero esto fue para comienzo o fin?

Yo sé, amor mío, que tu eternidad
es mía, que hasta aquí alcanzamos
medidos, perseguidos y triunfantes,
pero se trata de nacer o morir?

Dónde puede llevarnos el amor
si esta gran soledad nos acechaba
para escondernos y para revelarnos?

Cuando ya nos fundimos y pasamos
a través del espejo
a lo más ancho del placer pasmoso,
cuando tú y yo debimos renunciar
a los reinos perdidos que nos amamantaron,

cuando ya descubrimos
que nos pertenecía esta aspereza
y que ya nos tenía destinados
la tierra, el agua, el cielo, el fuego,
y tú, la sola, la maldita mía,
la hija del oro muerto de la selva,
y yo, tu fundador desengañado,
yo el pobre diablo que imitaba a Dios,
cuando nos encontramos encendidos
por la centella amarga que nos quema,
fue para consumirnos,
para inventar de nuevo la muerte?
O somos inmortales
seres equivocados, dioses nuevos
que sobrevivirán desde la miel?

Nadie nos puede oír desde la tierra.

Todos se fueron, y esto era la dicha.

Ahora, qué haremos para reunir
la colmena, el ganado, la humanidad perdida,
y desde nuestra pobre pureza compartir
otro pan, otro fuego sin llanto,
con otros seres parecidos a nosotros,
los acosados, los desiertos, los fugitivos?

A quién desde hoy daremos nuestro sueño?
Adónde iremos a encontrarnos en otros?
Vinimos a vivir o a perecer?

De nuestro amor herido
debe soltar la vida un fulgor de fruto
o bajar a la muerte desde nuestras raíces?

EL ENLUTADO

Rosía, cierra tus ojos pasajeros:
fatigada, resuelve la luz y enciende el vino:
duérmete y deja caer las hojas de tus sueños,
cierra tu boca y déjame que bese tu silencio.

Nunca amé sino sombras que transformé en estatuas
y no sabía yo que no vivía.
Mi orgullo me iba transformando en piedra,
hasta que tú, Rosía, despertando
desnuda, despertaste mi sangre y mis deberes.

Dejé la monarquía de luto en las montañas
y comprendí que volvía a sufrir.
Si bien tu amor me volvió al sufrimiento
abrió la puerta de la dicha pura
para que nos halláramos caídos
en el jardín más áspero y salvaje.

LA FLOR AZUL

Rhodo cortó una flor y la dejó en su lecho.
Era una flor de linaje violeta,
semiazul, entreabierta como un ojo
de la profundidad, del mar distante.

Dejó Rhodo esa flor bajo Rosía
y ella durmió sobre la flor azul.

Toda esa noche soñó con el mar.

Una ola redonda se la llevó en el sueño
hasta una roca de color azul.

Allí esperaba ella por años y por siglos
entre la espuma repetida y el
cabeceo de los cachalotes.
                              Sola
está Rosía hasta que luego
el cielo descendió de su estatura
y la cubrió con una nube azul.

Al despertar del sueño bajo sus ancas claras
y entre sus piernas una flor caliente:
todo su cuerpo era una luz azul.

LA CLARIDAD

Oh amada, oh claridad bajo mi cuerpo,
oh suave tú, de la aspereza desprendida,
eres toda la noche con su acción constelada
y el peso de la luz que la atraviesa.

Eres la paz del trigo que se prepara a ser.

Oh amada mía, acógeme y recógeme ahora
en esta última isla nupcial que se estremece
como nosotros con el latido de la tierra.

Oh amada de cintura parecida a la música,
de pechos agrandados en el Edén glacial,
de pies que caminaron sobre las cordilleras,
oh Eva Rosía, el reino no esperaba
sino el frío estallido de la tormenta, el vuelo
de tórtolas salvajes, y eras tú que venías,
soberana perdida, fugitiva del cielo.

HABLA EL ADÁNICO

Rhodo dijo: Quiero tu cabellera para sembrarla en el mar.
Tu cabellera es la proa de mi nave.
Quiero tu boca para soltarla en el viento.
Quiero que me abracen tus brazos:
son dos enredaderas.

Quiero tus senos blancos en el cielo
como dos lunas llenas de rocío.

Quiero tu vientre recostado en Dios.

Quiero tu sexo, tu raíz marina.

Quiero tus piernas para dos nubes nuevas
y tus caderas para dos guitarras.

Y quiero los diez dedos de tus pies
para comerme uno cada día.

EL MAR

Dice Rosía sin mover los labios
desde su inmóvil desconocimiento:

El mar que no conozco soy yo misma,
tal vez, mi ser remoto
revelado en los brazos de mi amado,
bajo su cuerpo, cuando
siento que desde mi profundidad
suben de mí las olas poderosas
como si yo fuera dueña del mar,
del mar que no conozco y soy yo misma.

Esta frecuencia ciega,
esta repetición del paroxismo
que va a matarme y que me da la vida,
la ondulación que estalla
y vuelve y surge y crece
hasta que se derriba la luz
y caigo en el vacío,
en el océano:

soy dueña de las olas que reparto
y empujo desde mi pequeño abismo.

EL EXTRAVÍO

Oh amada mía, acércate y aléjate.
Ven a besarme, ven a separarme.

Ven a quemarme y dividirme.
Ven a no continuarme, a mi extravío.

Ven, oh amor, a no amarme, a destruirme,
para que encadenemos la desdicha
con la felicidad exterminada.

EL MIEDO

Dijo al hallar a Rhodo: Tengo miedo.
Te amo con todo el miedo subterráneo,
con la maldad del castigo.
Tengo miedo
de la amapola
que quiere morder,
del rayo que prepara su serpiente
en el árbol secreto del volcán:
tengo miedo de su luz espantosa,
del día puro convertido en ceniza.

Dónde vamos?
Y para qué vinimos?

Anoche, Rhodo, me dejaste sola.
No me basta el recuerdo,
no sólo era la ausencia
de tu abrazo:
necesitaba el beso de tu cuerpo
sobre mi cuerpo. En las tinieblas
todo se despedía
de mi sueño.

Era la selva que lloraba,
eran los animales del presagio,
y tú, mi amor, mi amante,

dónde
dormías
bajo la amenaza,
bajo la luna sangrienta?

LA NAVE

Rhodo levanta una mano invisible.

«La nave me llamó,
la nave tiene miedo:
me dijo: al agua pura,
a la sal repetida,
a la tormenta,
vamos!

Pero si cae sobre mí la mano
del volcán vengativo,
el viaje será un rito de pavesas,
de chispas que arderán y caerán
en las manos del fuego.»

Eso me dijo la nave.

Dormí toda la noche
entre la nave y las estrellas frías,
esperando,
hasta que un gran silencio me devolvió a tu vida,
a la morada,
y sin partir aguardo
la decisión del fuego.

SONATA

Rosía, te amo, enmarañada mía,
araña forestal, luna del bosque,
solitaria nacida del desastre,
durazna blanca entre los aguijones.

Te amo desde el origen del amor
hasta el final del mundo, hasta morir,
te amo en la ocupación de mis deberes,
te amo en la soledad que deja el día
cuando abandona su vestido de oro,
y no sé si encontrarte fue la vida
cuando yo estaba solo con el viento,
con los peñascos, solo en las montañas
y en las praderas, o si tú llegabas
para la certidumbre de la muerte.

Porque el amor original, tus manos
venían de un incendio a conmoverme,
de una ciudad perdida y para siempre
deshabitada ahora, sin tus besos.
Oh flor amada de la Patagonia,
doncella de la sombra, llave clara
de la oscura región, rosa del agua,
claridad de la rosa, novia mía.

Pregunto, si mi reino ha terminado
en ti, qué haremos para renunciar
y para comenzar, para existir,
si el plazo de los días se acercara
a nuestro amor dejándonos desnudos,
sin nadie más, eternamente solos
en la felicidad o en la desdicha?

Pero me bastas tú, como una copa
de agua del bosque destinada a mí:
acércate a mi boca, transparente,
quiero beber la luz que te ilumina,
detenerme en tus ojos, y quedarme
muerto en el luto de tu cabellera.

LOS UNOS

Al mar! dice Rosía,
al mar que no conozco,
a sumergir la llave de mi amor,
a buscarla otra vez bajo las olas!

Hoy no te acerques, hombre,
a mi costado!
Hoy déjame en la oscuridad
buscándome a mí misma.

Por qué me amaste, Rhodo?

Porque era yo la única,
la que salía de mi soledad
hacia tu soledad?

Quién designó el designio?
Quién me salvó de la ciudad destruida?

Quién me ordenó en las tinieblas
andar, andar, romperme ojos y pies,
atravesar el callado latido
de la naturaleza,
piedra y espina, dientes y sigilo,
hasta llegar a ti, mi desterrado?

Yo fui la última mujer: cayeron
los muros sobre mis muertos
y así formamos la última pareja
hasta que entré en tu abrazo,
en tu medida desmedida,
y tal vez somos los primeros,
los dos primeros seres,
los dos primeros dioses.

DICEN Y VIVIRÁN

Dice Rhosía: Rompimos la cadena.
Dice Rhodo: Me darás cien hijos.
Dice Rhosía: Poblaré la luz.
Dice Rhodo: Te amo. Viviremos.
Dice Rhosía: Sobre aquellas arenas diviso sombras.
Dice Rhodo: Somos nosotros mismos.
Dice Rhosía: Sí, nosotros, al fin.
Dice Rhodo: Al principio: nosotros.
Dice Rhosía: Quiero vivir.
Dice Rhodo: Yo quiero comer.
Dice Rhosía: Tú me diste la vida.
Dice Rhodo: Vamos a hacer el pan.
Dice Rhosía: Desde toda la muerte llegamos al comienzo de la
[vida.
Dice Rhodo: No te has visto?
Dice Rhosía: Estoy desnuda. Tengo frío.
Dice Rhodo: Déjame el hacha. Traeré la leña.
Dice Rhosía: Sobre esta piedra esperaré para encender el
[fuego.

EL CORAZÓN AMARILLO
(1971-1972)

CANCIÓN DEL AMOR

Te amo, te amo, es mi canción
y aquí comienza el desatino.

Te amo, te amo mi pulmón,
te amo, te amo mi parrón,
y si el amor es como el vino
eres tú mi predilección
desde las manos a los pies:
eres la copa del después
y la botella del destino.

Te amo al derecho y al revés
y no tengo tono ni tino
para cantarte mi canción,
mi canción que no tiene fin.

En mi violín que desentona
te lo declara mi violín
que te amo, te amo mi violona,
mi mujercita oscura y clara,
mi corazón, mi dentadura,
mi claridad y mi cuchara,
mi sal de la semana oscura,
mi luna de ventana clara.

INTEGRACIONES

Después de todo te amaré
como si fuera siempre antes
como si de tanto esperar
sin que te viera ni llegaras
estuvieras eternamente
respirando cerca de mí.

Cerca de mí con tus costumbres
con tu color y tu guitarra
como están juntos los países
en las lecciones escolares
y dos comarcas se confunden
y hay un río cerca de un río
y dos volcanes crecen juntos.
Cerca de ti es cerca de mí
y lejos de todo es tu ausencia
y es color de arcilla la luna
en la noche del terremoto
cuando en el terror de la tierra
se juntan todas las raíces
y se oye sonar el silencio
con la música del espanto.
El miedo es también un camino.
Y entre sus piedras pavorosas
puede marchar con cuatro pies
y cuatro labios, la ternura.

Porque sin salir del presente
que es un anillo delicado
tocamos la arena de ayer
y en el mar enseña el amor
un arrebato repetido.

EL MAR Y LAS CAMPANAS
(1971-1973)

FINAL

Matilde, años o días
dormidos, afiebrados,
aquí o allá,
clavando,
rompiendo el espinazo,
sangrando sangre verdadera,
despertando tal vez
o perdido, dormido:
camas clínicas, ventanas extranjeras,
vestidos blancos de las sigilosas,
la torpeza en los pies.

Luego estos viajes
y el mío mar de nuevo:
tu cabeza en la cabecera,

tus manos voladoras
en la luz, en mi luz,
sobre mi tierra.

Fue tan bello vivir
cuando vivías!

El mundo es más azul y más terrestre
de noche, cuando duermo
enorme, adentro de tus breves manos.

ELEGÍA
(1971-1972)

XVI

Detengámonos, debo dejar un beso
a Akmadúlina: éste es el café, está oscuro,
no hay que tropezar con las sillas:
allí, allí en aquel rincón brilla su pelo,
su bella boca está encendida
como un clavel de Granada
y no es de lámparas aquella luz azul
sino los ojos de la irracional,
de la pantera que sale del bosque
mordiendo un ruiseñor,
es ella que, a la vez
rosa del destino, cigarra de la luna,
canta lo incomprensible y lo más claro,
se hace un collar de mágicas espinas
y no está cómoda en ninguna parte
como una sirena recién salida del mar
invitada a nadar en el desierto.

ÍNDICE DE PRIMEROS VERSOS

ÍNDICE

ESTE LIBRO HA SIDO IMPRESO
EN LOS TALLERES DE
LIMPERGRAF. MOGODA, 29
BARBERÀ DEL VALLÈS (BARCELONA)